rororo

rororo sprachen **Herausgegeben von Ludwig Moos**

rororo

Wer neugierig ist auf andere Länder und ihre Menschen, der kommt um Sprachkenntnisse nicht herum. ***Italienisch in letzter Minute*** bietet den Einstieg für alle, denen ein ganzes Lehrbuch zu langweilig und ein herkömmlicher Sprachführer zu wenig didaktisch ist. Wer diesen Crashkurs, möglichst mit der zugehörigen Toncassette (60916), durcharbeitet, der erwirbt dank einer ausgefeilten Methode rasch die Fähigkeit, sich in Italien zu verständigen. Informationen zum Alltag und jede Menge praktischer Tipps verkürzen den Weg zu der anderen Kultur. Das italienisch-deutsche, deutsch-italienische Wörterbuch im Anhang hält über das im Sprachkurs verwendete Vokabular hinaus einen soliden Grundwortschatz bereit.

Sprachkurse für Überflieger gibt es außerdem zu ***American Slang*** (9623, 9624), ***Arabisch*** (9541, 9542), ***Englisch*** (60908, 60909), ***Französisch*** (60911, 60912), ***Griechisch*** (19917, 19919), ***Portugiesisch*** (9686, 9687), ***Spanisch*** (60917, 60918) und ***Türkisch*** (9688, 9689).

Frida Bordon ist Lehrerin und Publizistin und arbeitet über Italien. Im Rowohlt Taschenbuch Verlag hat sie bisher veröffentlicht: *Anders reisen:* ***Venedig*** (7570) und *Anders reisen:* ***Sizilien*** (7595).

Giuseppe Siciliano ist Lehrer und arbeitet in Venedig.

Überarbeitete Neuausgabe
26.–31. Tausend April 2000

Veröffentlicht im Rowohlt Taschenbuch Verlag GmbH, Reinbek bei Hamburg, Januar 1994

Umschlaggestaltung Barbara Thoben
(Illustration Dieter Braun)
Satz Minion und Thesis Sans PostScript, QuarkXPress 4.04
Layout Stefan Kopanski
Gesamtherstellung Clausen & Bosse, Leck
Printed in Germany
ISBN 3 499 60914 2

Die Schreibweise entspricht den Regeln der neuen Rechtschreibung.

Frida Bordon • Giuseppe Siciliano

Italienisch

in letzter Minute
Sprachkurs für Überflieger

Herausgegeben von
Christof Kehr

Rowohlt Taschenbuch Verlag

Inhalt

Vorwort

Sprachforscher schätzen, dass es auf der Erde über 4000 eigenständige Sprachen gibt. Wer mehr als drei Fremdsprachen kann, der wird landläufig bewundert. Wer sich gar in mehr als zehn Fremdsprachen auszudrücken versteht, wird als Genie gehandelt. «Dem fliegt das halt zu» ist die gängige Erklärung. Doch Sprachen lernen ist – außer für Kinder – auch mit Arbeit verbunden. Wir glauben nicht an Zauberei beim Sprachenlernen – es sei denn, einer schnappt leicht auf und kann das Aufgeschnappte zuverlässig speichern. Alle anderen kommen um ein mehr oder minder intensives Training nicht herum.

Die **Überflieger**-Bände bieten einen schnellen ersten Zugang zu anderen Sprachen. Sie vermitteln das Allerwichtigste – das, was jeder in den ersten Tagen und Wochen sagen und verstehen muss, wenn er sich nicht stumm, taub und verunsichert durch das fremde Land bewegen möchte. Sie schleifen das notwendigste Wissen mit einer ausgefeilten Methode ein. Denn es genügt nicht, wie dies die Mehrzahl der Sprachführer tut, fertige Sätze und Wortlisten zu servieren. Die meisten Lernwilligen fühlen sich da zu Recht im Stich gelassen. Der Stoff muss gekaut und verdaut werden. Wer eine andere Sprache lernt, dem muss ein neues Wort etwa dreizehnmal begegnen, bis es in seinen aktiven Wortschatz eingeht. Den Weg dahin wollen wir für den Anfang verkürzen.

Italienisch in letzter Minute bringt Ihnen rund 300 Wörter und Wendungen bei. Es stellt sie in einen Zusammenhang, sorgt durch wiederholtes Üben dafür, dass sie sich einprägen, und gibt darüber hinaus noch nützliche Informationen und kulturelle Tipps für den Aufenthalt in Italien.

Damit keine falschen Erwartungen aufkommen: Eine richtige Zeitung zu lesen oder sich über die gesellschaftliche Rollenverteilung von Mann und

Frau zu unterhalten, erfordert ein Sprachvermögen, das sich erst in Monaten oder Jahren einstellt. Auch werden Sie mit diesem Buch nicht lernen, auf Italienisch im Internet zu chatten. Dazu bedarf es besonderer Sprachkenntnisse.

Schlagen Sie die erste Lektion auf, schieben Sie, wenn möglich, die Tonträger zum Buch ein, und legen Sie los. Scheuen Sie sich nicht, den Stoff dreimal oder viermal durchzugehen. Und trauen Sie sich, die Aussprache etwas zu übertreiben – das hilft bestimmt.

Wenn Sie in Italien aus dem Auto, Zug oder Flugzeug steigen, werden Sie anfangen zu verstehen und bald auch selbst verstanden werden. Viel Spaß dabei!

Christof Kehr

Gebrauchsanweisung

Vorab

Mit diesem Buch lernen Sie rund 300 Wörter und Wendungen, die in verschiedene Themen gepackt sind. Jedes Thema besteht aus drei Lektionen und einer Zusammenfassung zum Wiederholen und Überprüfen.

Blättern Sie das ganze Buch einmal durch und machen Sie sich den Aufbau klar:

1. **Hinweise zur Aussprache**
2. **Fünf Themen mit fünfzehn Lektionen**
3. **Lösungen der Übungen und Tests**
4. **Kurzgrammatik**
5. **Wörterbuch**

Die Bedeutung der Zeichen

1–15 Diese Zahlen stehen für die einzelnen Lektionen. Planen Sie für jede Lektion einen Tag. Nach ungefähr zwei Wochen sollten Sie also den wichtigsten Lernstoff des Buches durchgearbeitet haben. Selbst wenn Sie dann nicht alles aktiv beherrschen, werden Sie das meiste doch wieder erkennen und verstehen.

Nach drei Lektionen wird das neu Gelernte vertieft, mit landeskundlichen Tipps ergänzt und abgefragt. Das Z steht für Zusammenfassung.

Lernen läuft nicht nur übers Lesen, sondern auch übers Hören. Was den einen Lerntyp vom anderen unterscheidet, ist die Gewichtung: mehr Lesen oder mehr Hören. Wir bieten beide Möglichkeiten, denn zum Buch gibt es einen Tonträger. So kann jeder selbst wählen, ob er Wörter und Dialoge zuerst liest oder hört. Als Hörverständnis-Training gibt es immer Übungen auch von der Audio-CD oder der Toncassette. Die Nummern geben immer die Tracknummer der Audio-CD an. Wenn Sie mit Toncassette arbeiten, bleibt Ihnen nichts anderes übrig, als vor- und zurückzuspulen. Sie können das aber vereinfachen, indem Sie immer «nullen», wenn Sie eine Übung oder einen Dialog oder die Vokabeln mehrmals hören möchten.
Wenn Sie keinen Tonträger zur Hand haben, dann suchen Sie sich einen Muttersprachler oder einen Sprachkundigen, der Ihnen korrekt vorspricht.

In den Abschnitten mit der Glühlampe finden Sie Mechanismen, nach denen bestimmte Elemente der Sprache (Verben, Mehrzahl, Artikel ...) funktionieren. Wir haben bewusst auf grammatikalischen Ballast verzichtet. Sie sollen sich hier vor allem im Kommunizieren (sich mitteilen, verstehen, in einer bestimmten Situation etwas ausdrücken) üben. Wer tiefer in die Grammatik einsteigen möchte, der findet im Anhang eine Übersicht zu den wichtigsten Regeln.

Das Koffersymbol steht für «Kulturgepäck». Gemeint ist die Alltagskultur. Hier finden Sie hilfreiche Informationen für einen Aufenthalt in Italien und für den Zugang zu Land und Leuten.

Der Aufbau der Lektionen

Lesen

Am Anfang steht ein deutscher Text zum **Lesen** mit wissenswerten Informationen rund um das Thema.

Lernen

Unter **Lernen** folgen die bisher unbekannten Wörter mit ihrer Übersetzung. Hören Sie sich die Wörter nach Möglichkeit auf der Audio-CD oder Toncassette an, und sprechen Sie sie nach. Wiederholen Sie das ein paar Mal, damit Sie sich die meisten Wörter einprägen.

Reden

Sie verstehen jetzt die neuen Wörter und nehmen sich im Abschnitt **Reden** die Dialoge vor. Kinderleicht, denn es kommt ja nichts Neues, dafür stehen die Wörter aber im Zusammenhang, gerade so, wie sie einem meist begegnen. Hören Sie die Dialoge ein paar Mal an, und lesen Sie sie, prägen Sie sich dabei die Wendungen ein, die für die jeweilige Situation wichtig erscheinen.

Üben

Unter dem Stichwort **Üben** steht, was dieses Buch von anderen Sprachführern unterscheidet. Sie werden nicht mit Wörtern, Sätzen und Dialogen allein gelassen, sondern haben Gelegenheit, den auf das Allerwichtigste beschränkten Stoff einzuüben, geradeso wie in einem dicken Lehrbuch. Die mit einem Kopfhörer-Symbol gekennzeichneten Übungen können Sie wahlweise mit Buch oder Tonträger ausführen.

Die Zusammenfassung der Themen

Alle Wörter	Hier finden Sie alle Wörter, verschnürt in kleine Portionen zum Pauken, der drei letzten Lektionen, diesmal andersherum: deutsch-italienisch.
Service	Diese Seite bietet noch einige weiterführende Informationen.
Prüfstand	Zum Abschluss gibt es einen Wiederholungstest, der den wichtigsten Lernstoff abfragt und einschleift. Wenn Sie gut abschneiden wollen, dann müssen Sie auch die **Lesen**-Texte am Anfang der Lektionen aufmerksam durchlesen, sie werden nämlich ebenfalls abgefragt.

Das Angebot im Anhang

Kurzgrammatik	Die **Kurzgrammatik** ist für alle, die es genauer wissen wollen, die ein Minimum an Theorie brauchen, um gezielter zu lernen. Man kann hier nachschlagen, wie zum Beispiel die Mehrzahl gebildet, wie ein Verb konjugiert oder ein Befehl ausgedrückt wird. Das Wichtigste an Theorie ist aber in den jeweiligen Lektionen schon erklärt.
Schlüssel	Der **Schlüssel** bringt die Lösungen aller Übungen und Tests und dient der Selbstkontrolle.
Wörterbuch	Das italienisch-deutsche **Wörterbuch** enthält, über die in den Lektionen gelernten Vokabeln hinaus, Wörter, die Ihnen auf Schildern, Speisekarten, in Zeitschriften, auf Tickets, Reklametafeln, in den Medien oder wo auch immer begegnen. Im deutsch-italienischen Teil können Sie alles finden, was Sie zur aktiven Verständigung brauchen.

Aussprache und Betonung

Diese Seiten brauchen Sie nicht zu pauken. Die Erklärungen sollen Ihnen dann helfen, wenn Sie nicht wissen, wie ein bestimmter Laut ausgesprochen wird.

Die Aussprache		
geschrieben	*gesprochen*	*zu beachten*
	tsch (Tscheche)	
c + e,i	**c**entro, vi**c**ino	
cia	**ciao**	Das **i** wird nicht
cio	**cio**ccolata	gesprochen.
ciu		
	dsch (Dschungel)	
g + e,i	**Ge**rmania, **Gi**na	
gia	man**gia**re	Das **i** wird nicht
gio	**gio**rno	gesprochen.
giu	**Gui**seppe	
	k (Karl)	
ca	**ca**sa	
co	**co**me	
cu	**cu**ccù	
c+ Konsonant	**C**remona	
c+h	an**ch**e, **ch**iamo	Wenn **i** oder **e** folgt.
	g (Gans)	
go	La**go** di Garda	
gu	**Gu**stavo	
g+Konsonant	**gr**azie	
g+h	spa**gh**etti	Wenn **i** oder **e** folgt.
	nj (Wanja)	
gn	si**gn**ore	

	lji (Ljubliana)	
gli	biglietto	
h	hotel	Wird nicht gesprochen.
	qu (Quecksilber)	
qu	quale	
	stimmloses s (beißen)	
s	subito, sono	am Wortanfang
	pensione	nach Konsonant
	tedesco	vor stimmlosen Konsonanten
	gassato	bei Verdoppelungen
	stimmhaftes s (reisen)	
s	scusi, casa	zwischen zwei Vokalen
	Slovenia	vor stimmhaften Konsonanten
	z (Zucker)	
z	stazione	
a, e, i, o, u	aereo	Werden einzeln gesprochen.
j, k, w, x, y	Tauchen nur in Fremdwörtern auf.	

Die Betonung

1. **Im Italienischen liegt der Hauptton in der Regel auf der vorletzten Silbe, zum Beispiel:**
   buono, secondo, parlare, venire, italiano, settimana, leggero
2. **Eine Reihe von Wörtern haben den Hauptton auf der drittletzten Silbe, zum Beispiel:**
   giovane, facile, tavola, telefono, Genova, Veneto
   Dazu gehören auch folgende Verbformen:
   - 3. Person Plural: parlano
   - Infinitiv der meisten Verben auf -ere: credere, vendere
3. **Bei einigen Wörtern liegt der Hauptton auf der letzten Silbe. Die Betonung wird durch einen Akzent gekennzeichnet, zum Beispiel:**
   città, caffè, più, perchè

Italien ist immer noch der Deutschen liebstes Urlaubsland, ohne unbedingt viel dafür zu tun. Und es fordert immer wieder zu übertreibenden Superlativen heraus. Das gilt nicht nur für die landschaftliche Schönheit, den geschichtlichen und kulturellen Reichtum der Apenninenhalbinsel. Das gute Leben im Chaos, die Leichtigkeit des Seins, italienische Lebenskunst, mit diesen und ähnlichen Vorstellungen brechen Reisende von heute, wie die früherer Jahrhunderte, «gen Italien» auf. Die Eindrücke vom Stiefel werden einiges zurechtrücken, aber auch alle bereichern, die offen für Neues sind. Ein Minimum an Verständigungsmöglichkeit hilft dabei. *Benvenuti!*

Wie Französisch, Spanisch, Portugiesisch und Rumänisch gehört Italienisch zu den romanischen Sprachen. Es ist aus der lateinischen Umgangssprache, dem so genannten «Volgare», entstanden.

So unterschiedlich wie Landschaft, Kultur und Küche der einzelnen Regionen Italiens ist auch das jeweilige Italienisch. Südtirol am Alpenrand ist in Sprache und Brauchtum von der germanischen Kultur geprägt. Deutsche und italienische Sprachkenntnisse sind dort Voraussetzung für eine Anstellung bei öffentlichen Institutionen wie Schulen oder Verwaltung.

Maritime Traditionen bestimmen die Hafenstädte Genua, Triest und Venedig. Multikulturelle Einflüsse haben dort die regionalen Dialekte angereichert. Gerade Venezianisch zeugt von den internationalen Beziehungen der ehemals mächtigen Republik in der Lagune. Spanische, arabische, türkische, griechische, deutsche Händler eröffneten Kontore und prägten auch sprachlich das Wirtschaftsleben der Stadt. Armenische und jüdische Minderheiten wurden aufgenommen und konnten sich kulturell entfalten. Schließlich kamen die französischen und österreichischen Besatzer;

C-i-a-o!
Hallo!

ihr Einfluss hat sich vor allem auf kulinarischem Gebiet auch sprachlich niedergeschlagen.

Inseln wie Sardinien und Sizilien haben bis heute große sprachliche und kulturelle Eigenständigkeit bewahrt. Ihre Dialekte sind für Norditaliener genauso unverständlich wie Niederbayrisch für Nordfriesen. Piemonteser oder Lombarden, Florentiner oder Neapolitaner verstehen sich erst als Bürger ihrer Stadt oder Region und dann als «Italiener». Und wenn sie «Italienisch» sprechen, so klingt mehr oder weniger bewusst der Zungenschlag der Heimat mit. Mit der Kritik am römischen Zentralismus geht ein starkes Regionalbewusstsein einher und lässt vielerorts Heimatvereine und Kulturinitiativen wachsen, die um eine Dialektpflege bemüht sind. So unterrichtet man heute in venezianischen Grundschulen auch in der «Sprache der Dogen».

Der venezianische Dialekt war im 15. und 16. Jahrhundert auf dem besten Wege, zur allgemeinen Hochsprache aufzusteigen, zog dann jedoch den Kürzeren gegenüber dem Florentinisch-Toskanischen, geprägt von den Dichtern Dante, Petrarca und Boccaccio.
Die italienische Hochsprache soll über mehr als hunderttausend Wörter verfügen. Weniger als die Hälfte davon zählt zum gebräuchlichen passiven Wortschatz. Angesichts dieser Fülle mag die kritische Feststellung von Sprachwissenschaftlern tröstlich erscheinen, dass das moderne Medienitalienisch gerade mal mit fünfhundert Vokabeln auskomme.

buon giorno *guten Tag*

come sta? *wie geht es Ihnen?*

grazie *danke*

bene *gut*

benissimo *sehr gut, bestens*

come stai? *wie geht's dir ?*

non c'è male
nicht schlecht, es geht

male *schlecht*

ciao *hallo, tschüs*

come va? *wie geht's?*

benvenuto *willkommen*

buona sera *guten Abend*

buona notte *gute Nacht*

arrivederci *auf Wiedersehen*

a domani *bis morgen*

a più tardi *bis später*

mi sento bene – mir geht es gut
Non parlo bene italiano – ich spreche nur wenig ..
Noi siamo di ... – wir sind aus ...
Vorrei – ich möchte ..

Aussprache

1. **«c» vor o, u, a** wie k; also **come** wie kome.
2. **«c» vor e, i** wie tsch; also **ciao** wie tschau und **arrivederci** wie arrivedertschi und **c'è** wie tsche.
3. **«gi» vor a, o, u** wie dsch; also **giorno** wie dschorno.
4. Betont wird in der Regel die vorletzte Silbe.
5. Soll, in Ausnahmefällen, die letzte Silbe betont werden, dann steht ein Akzent: **ospitalità** – Gastfreundschaft.

Wie und wann man grüßt

ciao	unter Freunden beim Ankommen und Weggehen
buon giorno	morgens bis zum frühen Nachmittag
buona sera	nachmittags bis abends beim Ankommen
buona notte	nachts beim Abschied

Begrüßen – Befreunden – Abschied

Buon giorno.	Guten Tag.
Buon giorno.	*Guten Tag.*
Come sta?	Wie geht's Ihnen?
Grazie, benissimo!	*Danke, bestens.*
Ciao.	Hallo.
Ciao, come stai?	*Hallo, wie geht's dir?*
Non c'è male.	Es geht so.
Buona sera.	Guten Abend.
Buona sera.Come va?	*Guten Abend, wie geht's?*
Bene, benissimo!	Gut, sehr gut!
Benvenuto!	Willkommen.
Ciao, buona sera.	*Hallo, guten Abend!*
Arrivederci!	Auf Wiedersehen!
Arrivederci, buona notte!	*Auf Wiedersehen, gute Nacht!*
A domani!	Bis morgen!
A domani!	*Bis morgen!*
Ciao!	Tschüs!
Ciao, a più tardi!	*Tschüs, bis später!*

Begrüßen

Ciao, so begrüßen sich Freunde und gute Bekannte. Unter Gleichaltrigen ist man schnell beim «Du». Allerdings sollte man den Wechsel zu dieser vertrauten Form dem Gesprächspartner überlassen.
Wangenküsse und Umarmungen, Unterhaken und Händchenhalten drücken besonders enge freundschaftliche oder verwandtschaftliche Beziehungen aus. Auch Männerfreundschaften werden dadurch dokumentiert.
Bei der Begrüßung nicht vergessen: Titel sind in Italien sehr gefragt! **Dottore**, **professore**, **dottoressa**, **professoressa**, das kommt gut an und klingt umso besser, je länger die Konsonanten und je klarer die Vokale herauskommen.
Achtung: Im Italienischen werden aufeinander folgende Vokale getrennt gesprochen. Also: **grazi-e**, **bu-ono**!

1. Wie lautet die richtige Antwort?

1. Buon giorno.
a A più tardi.
b Ciao.

2. Come sta?
a Benissimo.
b Arrivederci!

3. Ciao, a domani.
a Buona sera.
b Grazie, a domani!

4. Come va?
a Male.
b Benvenuto.

5. Arrivederci.
a Non c'è male.
b Ciao, a più tardi!

2. Wie heißt es auf Italienisch?

1. willkommen
2. wie geht's?
3. gute Nacht
4. bis morgen
5. guten Tag
6. guten Abend

3. Was gehört zusammen?

1. non c'è male
2. a più tardi
3. benvenuto
4. grazie
5. come va

a danke
b wie geht's?
c nicht schlecht
d willkommen
e bis später

4. Was sagen Sie in dieser Situation?

1. Sie bedanken sich bei einem Freund und verabreden sich für morgen:
   ....
2. Morgens in der Bar. Sie treffen eine Freundin und begrüßen sie herzlich:
   ....
3. Sie treffen abends Ihren Chef und erkundigen sich nach seinem Wohlergehen: ....
4. Sie verabschieden sich von einem Freund, den Sie einige Stunden später wieder treffen werden:
   ....
5. Sie verabschieden sich am Abend:
   ....

Lo spettacolo – Öffentliches Auftreten

Die Piazza wird zur Bühne, die Vorortbar zur Kulisse gelungener Auftritte und starker Abgänge. Sein und Schein mischen sich. Die spielerische Selbstinszenierung ist wohl ein wichtiger Bestandteil italienischen Lebensstils. *Lo spettacolo,* die Szene, bestimmt das private wie öffentliche Leben. Anmaßung paart sich mit ironischer Distanzierung, Höflichkeit mit einem sicheren Instinkt für persönliche Vorteile. *Fare una bella figura,* eine gute Figur machen, ist genauso wichtig wie *lo scandalo.*

Italienische Filmkomödien, die Stücke Goldonis oder Pirandellos, die Texte der italienischen Liedermacher bieten hierzu treffliche Einführungen. *La firma* – Modeartikel mit den Namenszügen bekannter Stilisten helfen dort nach, wo die Phantasie klein und der Geldbeutel groß genug ist. Auffälligkeit, die das deutsche Gemüt eher schreckt, ist der Reiz des Südens. Aufreizendes für beide Geschlechter wird souverän zur Schau gestellt: auf der sommerlichen Strandpromenade, beim Shopping, in Diskotheken, beim Bummeln.

Lo struscio, das Herumschlendern, gehört dazu und ist eine typisch italienische Freizeitbeschäftigung, manche sagen auch: eine notwendige psychosoziale Institution. Zwischen sechs und acht Uhr abends, je weiter südlich, desto später im Sommer, zeigen Italienerinnen und Italiener, was ihre Schminktöpfe und Kleiderschränke zu bieten haben. Die belebteste Straße, ein Platz der Stadt werden zum Laufsteg des *spettacolo.* Hier trifft man Freunde, Bekannte, grüßt sich mehr oder weniger überschwänglich, bleibt stehen, macht Komplimente, geht weiter, schaut und wird gesehen, geht auf und ab, zehnmal, zwanzigmal und noch öfter.

Das Wort *strusciare* selbst sagt schon alles: Es heißt sowohl «umherstreifen» als auch «umschmeicheln». Und beim *struscio* ist alles möglich: Man ergeht sich in Artigkeiten, zollt lokalen Autoritäten Ehrerbietung, spekuliert an der Informationsbörse, flirtet, verliebt sich, tauscht heimliche Blicke, verabredet verbotene Begegnungen oder steht ganz einfach zusammen, zeigt sich, um gesehen zu werden. Und das alles findet nach einem geheimen Regelsystem statt, das man sich von Eingeweihten in Ruhe erklären lassen sollte.

Aussprache

1. **ch** wie k, also **chiamo** wie kiamo
2. **gn** wie nj, also **signore** wie sinjore
3. **g vor e, i** wie dsch, also **germania** wie dschermania
4. **sc vor a, o, u** wie sk, also **tedesco** wie tedesko
5. **sc vor e, i** wie sch, also **struscio** wie struscho

sono *ich bin*

la signora *die Frau*

piacere *angenehm*

il signore *der Herr*

come si chiama? *wie heißen Sie?*

il mio nome è *mein Name ist*

sei *du bist*

lo studente *der Student*

la studentessa *die Studentin*

tedesco, tedesca
deutsch, deutsche

italiano, italiana
italienisch, italienische

Lei lavora *Sie arbeiten*

in ufficio *im Büro*

il professore, la professoressa
der Lehrer, die Lehrerin

come ti chiami? *wie heißt du?*

mi chiamo *ich heiße*

si *ja*

no *nein*

dove *wo*

Lei è *Sie sind*

l'impiegato, l'impiegata
der, die Angestellte

il / la capo ufficio
der Chef, die Chefin

Männlich oder weiblich

Im Italienischen sind die Hauptwörter männlich oder weiblich.
Sie haben in der Einzahl in der Regel folgende Endungen:
-o – männlich: **ufficio, tedesco, capo, giorno**
-a – weiblich: **signora, italiana, professoressa**
-e – beides: **nome, signore, notte**

Die bestimmten Artikel sind «**il**» (männlich) und «**la**» (weiblich) und die unbestimmten Artikel «**un**» (männlich) und «**una**» (weiblich).
Also: **il / un tedesco** (der Deutsche);
la / una signora (die Frau); **il / un signore** (der Herr).

Vor Hauptwörtern, die mit Vokal anfangen, steht **l'**.
Also: **l'ufficio, l'italiano, l'italiana**
Männliche Hauptwörter, die mit **s + Konsonant** oder mit **z** anfangen, haben den Artikel **lo** beziehungsweise **uno**.
Also: **lo / uno studente, lo zucchero** (Zucker)

la tedesca	*die Deutsche*	**la Germania**	*Deutschland*
il tedesco	*der Deutsche*	**l'Italia**	*Italien*
l'italiano	*der Italiener*	**il nome**	*der Name*
l'italiana	*die Italienerin*	**l'ufficio**	*das Büro*

Sich vorstellen

Buon giorno, sono il Signor Rossi.	Guten Tag, ich bin Herr Rossi.
Piacere, sono Valentina Calderoni.	*Angenehm, ich bin Valentina Calderoni.*
Come?	Wie?
Mi chiamo Valentina Calderoni.	*Ich heiße Valentina Calderoni.*
Piacere!	Angenehm.
Il mio nome è Claudia.	Ich heiße Claudia.
Ciao, Claudia, sono Angelo.	*Hallo, Claudia, ich bin Angelo.*
Sei studente?	Bist du Student?
Si, sono studente.	*Ja, ich bin Student.*
Sei tedesco?	Bist du Deutscher?
No, sono italiano.	*Nein, ich bin Italiener.*
Lei lavora in ufficio?	Arbeiten Sie im Büro?
No, sono professoressa.	*Nein, ich bin Lehrerin.*
Sei studente?	*Bist du Student?*
Si, sono studente.	Ja, ich bin Student.
Il tuo nome è Paolo?	Ist dein Name Paolo?
Si, mi chiamo Paolo.	*Ja, ich heiße Paolo.*
Come ti chiami?	*Wie heißt du?*
Sono Sebastiana.	Ich bin Sebastiana.
Dove lavora?	Wo arbeiten Sie?
Lavoro in ufficio.	*Ich arbeite im Büro.*
È impiegata?	*Sind Sie Angestellte?*
No, sono la capo ufficio!	Nein, ich bin die Chefin!

6

Die Endung sagt alles

Ich (**io**), du (**tu**), er (**lui**), sie (**lei**), Sie (**Lei**) kann man weglassen.
Die Endung des Verbes macht es nämlich:

lavor-o *ich arbeite*
lavor-i *du arbeitest*
lavor-a *er, sie arbeitet; Sie arbeiten (höfliche Anrede, Einzahl)*

unregelmäßige Formen

sono *ich bin,* **sei** *du bist* **è** *er, sie ist; Sie sind*

1. Sagen Sie es auf Deutsch

1. Sei professoressa?
2. La signora Savio è la capo ufficio.
3. Paolo lavora in ufficio.
4. Lei si chiama Laura.
5. Dove lavora il signor Rossi?
6. Come si chiama?

2. Wie lautet die richtige Antwort?

1. Sei studentessa?
   a Si, sono tedesca.
   b No, sono impiegata.
2. Come si chiama?
   a Sono professore.
   b Il mio nome è Giovanni Eco.
3. Dove lavora Claudia?
   a In ufficio.
   b Lei è tedesca.
4. Buon giorno, sono Laura Galli.
   a Il capo è in ufficio.
   b Piacere.

3. Hier fehlt etwas

1. Il mio .... è Giuseppe Genco.
2. Lavori in .... Claudia?
3. Lei come .... chiama?
4. Tu .... italiano?

4. Ergänzen Sie den bestimmten Artikel «l', il, la»

.... italiana
.... tedesco
.... signor Rossi
.... ufficio
.... capo
.... studente

5. Sagen Sie es auf Italienisch

1. in Italien
2. die Lehrerin
3. Sind Sie Italiener?
4. Wie heißt du?
5. Wo arbeitest du?
6. in Deutschland
7. Ich bin Deutsche.

7

Al bar!

Eine Bar ist einfach eine Bar, also eine feste Institution im italienischen Alltag: Sozialstation, Informationsbörse, Bedürfnisanstalt im weitesten Sinne, auch wenn man das Bedürfnis im engeren Sinne hier nicht immer erledigen kann. *Al bar* begibt man sich zu jeder erdenklichen Tages- und Nachtzeit: morgens, um schnell noch einen *cappuccino* zu trinken, bevor der überfüllte Bus kommt; innerhalb der Arbeitszeit, um sich mit einem *espresso* mit *brioche* (Butterhörnchen) zu stärken, mal die Routine zu unterbrechen, die Sportzeitung zu lesen, sein Herz auszuschütten oder die Last der anderen mitzutragen.

Um die Mittagszeit holt man sich statt des Mittagessens in der Bar *tramezzini* (mehrlagige, labbrige Weißbrotschnitten mit allen erdenklichen Füllungen), *un toast* oder leckere Süßigkeiten. Und je nach persönlichen und lokalen Trinkgewohnheiten gibt es *un piccolo rosso,* einen kleinen Roten, oder *un piccolo bianco,* einen kleinen Weißen, oder was die bunten Flaschenbatterien sonst noch zu bieten haben.

Am Nachmittag und Abend dient die Bar als Treffpunkt, als Startbahn für größere Unternehmungen oder einfach wieder als Psychotank. Nachts sind nur wenige Bars geöffnet, nach dem Kino oder Theater werden Ortskundige auf jeden Fall noch eine auftreiben.

Je weiter südlich man kommt und je ländlicher es wird, desto mehr werden Bars zur Männersache. Jede Bar hat ihre ganz spezifische Klientel, man weiß eben, wann man wen in welcher Bar treffen kann und was man dort macht. Selbstverständlich hat man auch eine Lieblingsbar: weil es dort den besten *macchiato* (*macchia* ist der Fleck), also einen Espresso mit etwas Milch gibt, weil der *spritz* (Weißwein, Soda, eventuell Martini) großzügig bemessen wird oder einfach, weil die Leute dort gut sind. Bar und *totocalcio,* Fußballtoto, gehören zusammen: *uno, due, x,* das ist kein Geheimcode, sondern jeden Freitag wieder Tippen und Hoffen auf das schnelle Geld. *Il barista,* der Mann, manchmal auch die Frau, hinter dem Tresen, versteht die Kunst der kleinen und großen Unterhaltung. Sein Ableben oder Wechsel bedeutet nicht selten einen dramatischen Einschnitt im Alltag.

In vielen Bars besteht die Möglichkeit zu telefonieren, ein gelbes Schild mit der Wählscheibe oder mit einem Telefonhörer weist darauf hin.

Wenn ein eckiges Schild mit einem «T» an der Außenwand angebracht ist, kann man hier nebenTabakwaren häufig auch Lebensmittel für den alltäglichen Bedarf und Fahrkarten für die öffentlichen Verkehrsmittel kaufen.

In jeder Bar muss eine einsehbare Preisliste ausgehängt sein. Häufig ist vor der Warenbestellung an der Theke ein Bon, *lo scontrino,* zu lösen.

andiamo a mangiare qualcosa?
gehen wir etwas essen?

quando? *wann?*

alle sei *um sechs (Uhr)*

all'una *um eins*

e mezza *und ein halb (Uhr)*

un quarto *ein Viertel*

sono le dieci *es ist zehn (Uhr)*

meno tre minuti
weniger drei Minuten

mi telefoni *du rufst mich an*

8

ti telefono *ich rufe dich an*

prima delle nove *vor neun (Uhr)*

dopo le otto *nach acht*

alle sette in punto
pünktlich um sieben

il numero di telefono
die Telefonnummer

dov'e - wo
ottimo - perfekt

Che ore sono? / Che ora è? – Wie viel Uhr ist es?

Sono le due – Es ist zwei Uhr; Stunde, Stunden **(ora, ore)** denkt man sich immer dazu. Achtung, ein Uhr heißt: **l'una**; es ist ein Uhr: **è l'una.**

Zwölf Uhr mittags – **mezzogiorno**; Mitternacht – **mezzanotte**

Will man sich lange Zahlen wie siebzehn oder zweiundzwanzig Uhr sparen, so hängt man ein **di pomeriggio** (nachmittags) oder **di sera** (abends) an:17 h – **le cinque di pomeriggio**; 22 h – **le dieci di sera**.

«alle» + Uhrzeit entspricht dem deutschen **um**, also:

alle otto um acht (Uhr); aber:

all'una um ein (Uhr)

a mezzogiorno um die Mittagszeit (*il mezzogiorno* – der Süden)

a mezzanotte um Mitternacht

di mattina morgens

I numeri – die Zahlen

1	**uno**	7	**sette**
2	**due**	8	**otto**
3	**tre**	9	**nove**
4	**quattro**	10	**dieci**
5	**cinque**	0	**zero**
6	**sei**		

Nummern und Zeiten

Andiamo a mangiare qualcosa!	Gehen wir etwas essen!
Benissimo, quando?	*Sehr gut, wann?*
Alle sei!	Um sechs.
All'una al bar Roma?	Um eins in der Bar Roma?
No, all'una e mezza!	*Nein, um halb zwei!*
All'una e un quarto?	Um Viertel nach eins?
Bene, all'una e un quarto!	*Gut, um Viertel nach eins!*
Che ore sono?	Wie viel Uhr ist es?
Sono le dieci!	*Es ist zehn (Uhr).*
Le dieci?	Zehn Uhr?
Si, le dieci meno tre minuti.	*Ja, drei Minuten vor zehn (Uhr).*
Mi telefoni prima delle nove?	Rufst du mich vor neun (Uhr) an?
Si, ti telefono dopo le otto.	*Ja, ich ruf dich nach acht (Uhr) an.*
Il tuo numero di telefono?	Deine Telefonnummer?
Sei, uno, otto, sette, tre.	*6,1,8,7,3*
Come?	Wie?
6, 1, 8, 7, 3	*6, 1, 8, 7, 3*
Quando mi telefoni?	Wann rufst du mich an?
Alle sette in punto.	*Um Punkt sieben.*

1. Was passst zusammen?

1. 5	**a** otto
2. 9	**b** due
3. 0	**c** cinque
4. 7	**d** nove
5. 2	**e** zero
6. 8	**f** sette

2. Sie wollen sich verabreden

a um halb drei ....
b um Punkt fünf ....
c um Mitternacht ....
d um 17 Uhr ....
e um zehn vor acht ....
f nach 12 Uhr mittags ....

10

3. Più e meno… fa – plus und minus… macht

1. .... più tre fa ....
fünf plus drei macht acht
2. sette .... quattro fa ....
sieben minus vier macht ....
3. nove più .... fa ....
neun plus eins macht ....
4. .... meno otto fa due
zehn minus acht macht ....
5. cinque meno cinque ....
fünf minus fünf macht null
6. sei più quattro fa ....
sechs plus vier macht ....

4. Richtig (r) oder falsch (f)

	r	f
1. dieci meno sette fa uno	☐	☐
2. otto più due fa dieci	☐	☐
3. zero più otto fa quattro	☐	☐
4. sei meno tre fa uno	☐	☐
5. cinque più tre fa otto	☐	☐

5. Sprechen Sie nach

7 - 8 - 0 - 6	10 - 4 - 9 - 2	10 - 9 - 8 - 7 - 6
5 - 1 - 7 - 3	0 - 8 - 3 - 5	5 - 4 - 3 - 2 - 1 - 0

11

Begrüßung und Abschied

guten Tag
buon giorno

guten Abend
buona sera

gute Nacht
buona notte

willkommen
benvenuto

auf Wieder-sehen
arrivederci

hallo
ciao

wie geht es (Ihnen)?
come sta?

wie geht es?
come stai, come va?

bis später
a più tardi

bis morgen
a domani

Tätigkeit

es geht, nicht schlecht
non c'è male

du rufst mich an
mi telefoni

ich bin
sono

du bist
sei

ich heiße
mi chiamo

mein Name ist
il mio nome è

Sie sind
(Lei) è

Sie arbeiten
(Lei) lavora

gehen wir etwas essen
andiamo a mangiare qualcosa

ich ruf dich an
ti telefono

wie heißt du?
come ti chiami?

wie heißen Sie?
come si chiama?

Eigenschaften

schlecht
male

gut
bene

sehr gut
benissimo

deutsch
tedesco

italienisch
italiano

Zeitangabe

wann?
quando?

pünktlich um sieben
alle sette in punto

vor neun
prima delle nove

nach acht
dopo le otto

um wie viel Uhr?
a che ora?

mittags
mezzogiorno

nachmittags
di pomeriggio

abends
di sera

nachts
di notte

morgens
di mattina

weniger drei Minuten
meno tre minuti

und eine halbe (Stunde)
e mezza (ora)

eine Viertel-stunde
un quarto

Hauptwörter

Frau
la signora

Herr
il signore

Name
il nome

Student
lo studente

Studentin
la studentessa

Lehrer
il professore

Lehrerin
la professoressa

Büro
l'ufficio

der, die Angestellte
l' impiegato, l' impiegata

der, die Chef(in)
il, la capo ufficio

Telefon-nummer
il numero di telefono

Deutschland
la Germania

Italien
l'Italia

Signore mit und ohne Namen

Allein steht: **signore** (mit **e**).
Vor dem Namen wird verkürzt: **signor Rossi** (ohne **e**)

Spricht man über jemanden, so heißt es:
Il signor Rossi
La signora Rossi

Telefonieren

Von den meisten öffentlichen Fernsprechern ist das Telefonieren ins In- und Ausland im Selbstwählsystem möglich. Telefonkarten sind verbreitet*, die dazu passenden und funktionierenden Automaten inzwischen auch. Selten werden noch *gettoni*, Telefonmünzen im Werte von 200 Lire, benötigt. Sie sind in Bars oder aus Wechselautomaten erhältlich. Ansonsten telefoniert man mit 100-, 200- und 500-Lire-Münzen.

Ferngespräche vermittelt auch die private Gesellschaft SIP. In der Nähe der Post oder des Bahnhofs findet man ihre zumeist bis Mitternacht geöffneten Telefonzellen.

Vorwahl Deutschland von Italien: 00 49

Vorwahl Italien von Deutschland: 00 39. Die Null der Ortsnetzzahl entfällt nicht.

* – man fragt in der Post oder in Tabakläden danach –

1. Haben Sie aufgepasst?

1. Italienisch hat sich entwickelt aus
   - a dem sizilianischen Dialekt.
   - b aus dem venezianischen Dialekt.
   - c aus dem Dialekt der Toskana.

2. Wenn einem jemand vorgestellt wird, sagt man
   - a grazie.
   - b piacere.
   - c a domani.

3. Nachmittags um vier grüßt man
   - a buon giorno.
   - b come va.
   - c buona sera.

4. Sie wollen sich um Mitternacht treffen. Was sagen Sie?
   - a A mezzogiorno.
   - b A piu tardi.
   - c A mezzanotte.

5. «Il bar» ist
   - a ein Psychotank.
   - b Neppschuppen.
   - c Bedürfnisanstalt im engeren Sinne.

6. Wangenküsse bei der Begrüßung
   - a immer.
   - b nur unter engen Freunden.
   - c niemals.

7. «Lo spettacolo» ist
   - a ein italienischer Zirkus.
   - b Sammelbegriff für italienische Lebensart.
   - c römischer Speckkohl.

2. Setzen Sie den richtigen Artikel

1. ... studentessa
2. ... ufficio
3. ... signore
4. ... giorno
5. ... studente

3. Die richtige Antwort – a oder b?

1. Quando andiamo al bar?
   - a A mezzogiorno.
   - b Piacere.
2. Che ore sono?
   - a Di sera.
   - b Le nove in punto.
3. Lei è italiana?
   - a Sì, sono il capo.
   - b No, sono tedesca.

4. Sagen Sie es auf Italienisch

1. um ein Uhr
2. zehn Stunden
3. Ich bin Angestellter.
4. Gehn wir essen!
5. Herr Rossi ist im Büro.
6. Wie heißt sie?

5. Die Zahl davor und danach?

1. ....nove.................
2. ....cinque ....
3. ....tre.....................
4. ....uno...............
5. ....sette.............

6. Bitte einsetzen – a, b oder c?

1. Claudio, com' è il tuo .... di telefono?
   - a nome
   - b numero
   - c capo
2. Otto meno cinque fa ....
   - a a domani
   - b nove
   - c tre
3. Andiamo in ufficio all'.............
   - a quattro
   - b una
   - c sera
4. Lavoro in ....
   - a ore
   - b italiano
   - c ufficio

7. Trennen Sie die Wörter

a acheoraandiamoalbar
b allediecimenocinque
c setteorelavoroinufficio

Die großen Italienreisenden vergangener Jahrhunderte nahmen die Postkutsche, wanderten zu Fuß über Alpen und Apennin, nächtigten in Heuschobern, unter dem Sternenzelt, in billigen Absteigen und teuren Luxushotels. Italien als Reiseland – davon zeugt wanddeckende Reiseliteratur verschiedener Jahrhunderte. Venedig verstand es bereits im Mittelalter, mit den Pilgerreisen ins Heilige Land gute Geschäfte zu machen. Schließlich stahl man sich überall in der frühchristlichen Welt heilige Überreste zusammen und sorgte dafür, dass fromme Touristen vor Ort verblieben. Zur Glanzzeit der oberitalienischen Fürstenstädte zogen europäische Adlige scharenweise nach Italien, um dort die Kunst der politischen und ökonomischen Machtsteigerung zu studieren. Über Handelskontakte mit Italien kam auch die Mär von der «neuen Welt», von Orient und Asien, nach Deutschland und sorgte für neue Tourismusattraktionen. Das «Land der Griechen», die Antike, suchten Bildungsreisende der deutschen Klassik zuerst in Italien. Goethes «Italienische Reise» zeugt eindrücklich davon, dass es nicht nur «mit der Seele» geschah. Während sich die europäischen Großmächte des 18. und 19. Jahrhunderts anschickten, ihre Länder zu industrialisieren, entdeckten sie, England allen voran, Italien «als Garten Europas». Sich darin zu ergehen war jedoch vor allem den Reichen vorbehalten.

Der Massentourismus eroberte Italien endgültig in den fünfziger und sechziger Jahren des 20. Jahrhunderts. Viele noch heute bestehende touristische Strukturen sind in dieser Zeit entstanden. An den bekannten Zielorten des Massentourismus findet man heute ein preislich und auch im Standard stark gestaffeltes Angebot vor. In der Regel ist eine Pauschalbuchung zu Hause am günstigsten. Drei Sterne sind nicht überall drei Sterne – je weiter südlich man kommt, desto abweichender sind die Vorstellungen. In den touristisch wenig erschlossenen Gebieten Süditaliens und des Hinterlandes

In giro
Unterwegs

ist die Auswahlmöglichkeit bescheiden, während die Preise vielfach, der Monopolstellung entsprechend, überhöht sind. In den letzten Jahren hat sich das Angebot an italienischen Ferienwohnungen, wie man es in deutschen Tages- und Wochenzeitungen findet, beträchtlich erweitert. Das liegt daran, dass immer mehr Deutsche Ferienwohnungen in Italien erwerben und vermieten. Für die gut situierte italienische Familie ist *la seconda casa*, die Zweitwohnung, ein absolutes Muss. Und da sie in der Unterhaltung nicht billig ist, vermietet man über Agenturen.

Als Alternative zu den üblichen Unterkunftsmöglichkeiten wird der *agroturismo*, der Urlaub auf dem Bauernhof, immer beliebter. Südtirol, Trentino, Toskana, verstärkt auch die Emilia Romagna setzen auf *turismo verde*, den grünen Tourismus. Aber auch in Apulien, Calabrien, Sardinien und Sizilien hat sich *l'ospitalità rurale*, die ländliche Gastlichkeit, erweitert. Sie hat eindeutige Vorteile: Man wird seine Sprachkenntnisse einsetzen müssen, um sich zu verständigen; man lernt die regionale Hausfrauenkost kennen, ist dicht am Alltag und der Arbeit seiner Gastgeber, findet statt routinierter Abspeisung noch am ehesten ungeheuchelte Gastfreundschaft.

Sie erinnern sich: Bei den Verben macht's die Endung

essere	*sein*	**lavorare**	*arbeiten*
sono	*ich bin*	lavor**o**	*ich arbeite*
sei	*du bist*	lavor**i**	*du arbeitest*
è	*er, sie ist*	lavor**a**	*er, sie arbeitet*
siamo	*wir sind*	lavor**iamo**	*wir arbeiten*
siete	*ihr seid*	lavor**ate**	*ihr arbeitet*
sono	*sie sind*	lavor**ano**	*sie arbeiten*

desidera? *Sie wünschen?*

vorrei *ich hätte gerne*

ha? *haben Sie?*

qui/qua *hier*

ecco *hier, da ist / sind*

la camera *das Zimmer*

mi dispiace *es tut mir Leid*

al completo *ausgebucht*

il posto letto *der Schlafplatz*

per quanti giorni?
für wie viele Tage?

per un giorno *für einen Tag*

12

matrimoniale *Ehe-, ehelich*

il bagno *das Bad*

solo *nur, alleine*

la doccia *die Dusche*

mi piace *mir gefällt es*

non mi piace *mir gefällt es nicht*

il passaporto *der Pass*

la firma *die Unterschrift*

la chiave / le chiavi
der / die Schlüssel

Praktisch zu wissen

ci + è = **c'è** da ist, es gibt
C'è una chiave. Da ist ein Schlüssel.
ci + sono = **ci sono** da sind, es gibt
Ci sono due chiavi. Da sind zwei Schlüssel.

Von der Einzahl zur Mehrzahl

la camer-**a** / **le** camer-**e**; **il** giorn-**o** / **i** giorn-**i**; **la** chiav-**e**, **le** chiav-**i**
Eigentlich ist es ganz einfach, man verändert nur die Endung:
Einzahl: -a -o -e
Mehrzahl: -e -i -i

Achtung
lo studente – **gli** studenti – l'ufficio – **gli** uffici
lo zio (der Onkel) – **gli** zii
Artikel (Mehrzahl) **gli** vor männlichen Hauptwörtern mit **Vokal, z** oder **s + Konsonant**! **Aussprache**: **gli** wie lji

Im Hotel

Buon giorno!	Guten Tag!
Buon giorno! Desidera?	*Guten Tag! Sie wünschen?*
Vorrei una camera per tre giorni.	Ich hätte gern ein Zimmer für drei Tage.
Ecco, una camera per tre giorni.	*Hier gibt es ein Zimmer für drei Tage.*
Buona sera, ha due camere ?	Guten Abend, haben Sie zwei Zimmer?
Mi dispiace. Siamo al completo.	*Es tut mir Leid. Wir sind ausgebucht.*
Vorrei un posto letto.	Ich hätte gerne einen Schlafplatz.
Per quanti giorni?	*Für wie viele Tage?*
Per un giorno.	Für einen Tag.
C'è una camera matrimoniale?	Gibt es ein Doppelzimmer?
Si, un letto matrimoniale?	*Ja, mit einem Ehebett?*
Si, per favore. C'è il bagno?	Ja, bitte! Gibt es ein Bad?
No, non c'è, solo la doccia. Va bene?	*Nein, gibt's nicht, nur eine Dusche. Geht's so?*
Ehh, va bene!	Ach, na gut!
Ecco la camera. Numero sette. Qui è il letto matrimoniale.	Hier ist das Zimmer. Nummer sieben. Hier ist das Ehebett.
Benissimo. E il bagno?	*Sehr gut. Und das Bad?*
Ecco!	Hier!
Grazie, mi piace.	*Danke, es gefällt mir.*
Il passaporto per favore.	Den Pass bitte.
Prego!	*Bitte.*
Grazie! Scusi, la firma prego.	Danke. Entschuldigung, die Unterschrift bitte.
La chiave, per favore.	*Den Schlüssel bitte.*
Ecco le chiavi. Sono due.	Hier sind die Schlüssel. Es sind zwei.

vorrei – ich möchte gerne, ich hätte gerne

Alle möglichen Verben (im Infinitiv) und Hauptwörter (mit dem bestimmten oder unbestimmten Artikel) lassen sich anhängen:

vorrei telefonare, vorrei la chiave

1. Streichen Sie das falsche Wort

1. letto, camera, scusa, bagno, doccia
2. vorrei, chiave, prego, scusi, va bene
3. andiamo, siamo, firma, sono, mangiamo, lavoro
4. mi piace, mi dispiace, posto letto, non mi piace, piacere

2. Welche Antwort ist richtig?

1. C'è il bagno?
   - a Sì, siamo al completo.
   - b No, mi dispiace.
2. Ti piace la camera?
   - a Non mi piace, non c'è la doccia.
   - b No, non andiamo al bar.
3. Ci sono quattro posti letto?
   - a Mi dispiace, siamo al completo.
   - b Non lavoriamo.

3. Bilden Sie die Mehrzahl

un bagno – due ....
una firma – due ....
una camera – due ....
una chiave – due ....
un letto – due ....
un giorno – due ....

4. Wie heißt es richtig?

1. Non ci è camere.
2. La doccia non siamo.
3. La chiavi sono qua.

5. Wie sagen Sie es höflich auf Italienisch?

1. Sie wollen ein Doppelzimmer.
2. Sie wollen ein Einzelzimmer (Schlafplatz).
3. Sie wollen Ihren Pass.

6. Lösen Sie den Bandwurm auf

1. Midispiacenonc'èunacamera!
2. Vorreiunlettomatrimonialeperfavore!

Dove? – Wohin?

L'hotel / l'albergo – Die Hotels sind offiziell in fünf Klassen eingeteilt. Von jeder Stadt und jeder Gegend gibt es ein Hotelverzeichnis, *elenco degli alberghi.* Die großen Kulturstädte gewähren zum Teil recht beachtliche Ermäßigungen für Reisende unter 25 Jahren, aber nur mit einem entsprechenden Jugendpass. Bei den staatlichen Informationsbüros erkundigen!

La pensione – Die Pension ist kaum von Hotels zu unterscheiden; allerdings erwartet man dort in der Regel, dass der Gast seine Mahlzeiten in der Pension einnimmt. Manche Hotels und Pensionen gewähren *la riduzione*, einen Preisnachlass für Jungvermählte und Kinder. *Il letto matrimoniale*, das Doppelbett, steht gewöhnlich im Doppelzimmer; das kann man aber auch mit *letti separati*, mit getrennten Betten, bekommen. Also daran denken bei der Vorbestellung!

Il campeggio – In Italien gibt es etwa 1600 Campingplätze unterschiedlichster Qualität, nur auf den wenigsten sind Hunde geduldet. Im Juli und August, den Hauptreisemonaten der Italiener, ist meist alles dicht, also rechtzeitig vorbuchen!

Turismo verde – Informationen über den Urlaub auf italienischen Bauernhöfen bestellt man sich am besten beim staatlichen italienischen Fremdenverkehrsamt (ENIT). Über 5000 Höfe bieten Ferienmöglichkeiten an; zunehmend werden ihre Adressen auch in den offiziellen Hotelverzeichnissen geführt.

Innerhalb Italiens werden touristische Auskünfte erteilt über die regionalen Fremdenverkehrsverbände *Assessorati Regionali del Turismo* sowie durch die Verkehrsverbände *Enti Provinciali per il Turismo (EPT).*

Wenn man ein Zimmer oder ortsbezogene Informationen sucht, sollte man ins örtliche Fremdenverkehrsamt gehen. Man fragt nach dem *ufficio turistico.*

Aussprache

Bei **cia** und **cio** wird das «**i**» nicht gesprochen.
Also: **diciassette, diciotto** wie *ditschassette, ditschotto*

Verben, die einem weiterhelfen

si gira – *man wendet (sich);* **si va a** – *man geht nach*

non lo so *ich weiß es nicht*

a destra *nach rechts*

a sinistra *nach links*

vicino a *in der Nähe von*

qui/qua vicino *hier in der Nähe*

lontano da *weit weg von*

la prima strada a
die erste Straße nach

in via *in der Straße*

al prossimo angolo
an der nächsten Ecke

in piazza *auf dem Platz*

15

in centro *im Zentrum*

diritto *geradeaus*

al semaforo *bei der Ampel*

all' incrocio *an der Kreuzung*

a piedi *zu Fuß*

un pò *ein bisschen*

poi *dann*

sempre *immer*

con la macchina *mit dem Auto*

Wo ist?

dove + è = dov'è wo ist ...? Also: Dov'è l'hotel Carpaccio?

Aussprache:
«**h**» wird nicht gesprochen. Also: *l'hotel*, wie mit einem Vokal am Anfang: lotel

Zauberwörter, die das Leben erleichtern

posso?	*kann ich?*
permesso?	*ist es erlaubt? (beim Betreten eines fremden Zimmers; beliebt auch bei Leuten, die höflich drängeln wollen)*
scusi! scusa!	*entschuldigen Sie! entschuldige!*
va bene!	*ist schon gut! in Ordnung!*
grazie mille	*tausend Dank!*
prego	*gern geschehen*
per favore	*bitte*

Bitte, wo ist...?

Buona sera! Scusi, dov'è l'hotel Carpaccio?
A destra, no, a sinistra?
Boh, non lo so!

Guten Abend! Entschuldigung, wo ist das Hotel Carpaccio?
Rechts, nein, links?
Neee! Weiß ich nicht!

16

Per favore, dov'è l'hotel Carpaccio?
Ahh, è vicino, sono dieci minuti a piedi. La prima strada a sinistra, in piazza, ecco l'hotel! Non è lontano!

Bitte, wo ist das Hotel Carpaccio?
Ahh, das ist ganz in der Nähe, zehn Minuten zu Fuß. Die erste Straße nach links, auf der Piazza, und da ist es (schon)! Es ist nicht weit!

Grazie mille.

Tausend Dank!

Scusi! Dov'è la Pizzeria Da Gino?

Entschuldigen Sie! Wo ist die Pizzeria Da Gino?

In via Veneto. Al prossimo angolo a sinistra, si va in centro, sempre diritto, in Piazza Garibaldi al primo semaforo a destra. Ecco la pizzeria!

In der Via Veneto. An der nächsten Ecke nach links, man fährt ins Zentrum, immer geradeaus, auf der Piazza Garibaldi an der ersten Ampel nach rechts. Und da ist schon die Pizzeria!

Grazie mille!

Tausend Dank!

Scusi, la via Aurelia, dov'è?

Entschuldigung, die Via Aurelia, wo ist die?

All'incrocio a destra, è un pò lontano a piedi; prima a destra, poi a sinistra, e sempre diritto.

Bei der Kreuzung nach rechts, es ist etwas weit zu Fuß; zuerst nach rechts, dann nach links, und immer geradeaus!

Siamo con la macchina.
Benissimo!

Wir sind mit dem Auto unterwegs.
Sehr gut!

1. Was muss man einsetzen?

1. Prima la strada ...... sinistra, poi a destra , ecco l'hotel «Tivoli».
2. Al semaforo si .... a sinistra, poi la prima strada a destra.
3. Non è molto ...., ... piedi sono dieci minuti.
4. Vicino a piazza Cavour .... la via Taranto.
5. .... l' hotel «Albano»?

2. Übersetzen Sie

La via Appia? La via Sturzo, ahhh, è un pò lontano da qui. Prima si va sempre diritto, poi al primo semaforo si gira a sinistra e poi a destra!

3. Wie lautet die richtige Antwort?

1. C'è qui vicino un hotel?

a Con la macchina non è lontano.
b Mi dispiace, non ci sono hotel.

2. Vicino, in piazza, c'è un ristorante?

a Si, la prima strada a sinistra!
b In via Sturzo c'è un hotel.

17

3. Si va in centro con la macchina?

a Ci sono le macchine.
b No, si va a piedi.

4. Wie heißt es auf Italienisch?

1. Ich weiß es nicht.
2. An der nächsten Ecke links, dann immer geradeaus.
3. Mit dem Auto sind es eine Stunde und zehn Minuten.
4. Bei der Ampel nach rechts, dann die erste Straße nach links.
5. Zu Fuß ist es etwas weit weg von hier.

5. Verbessern Sie die Fehler

1. Dov'è la pizza Garibaldi?
2. A piazza c'e un bar.
3. La prima strada al sinistra.

Girare – Rumkommen

Mit dem Auto geht's am schnellsten natürlich über die *autostrada* – die Autobahn. Die besten Straßen und die geringste Verkehrsdichte findet man im industriell unterentwickelten Süditalien. Demgegenüber ist im hoch industrialisierten Norden mit der höchsten Verkehrsdichte das Straßennetz völlig unzureichend und zum Teil in einem schlechten Zustand. Autobahnfahren im Mezzogiorno kostet nichts, weil hier der Staat Besitzer ist. Auf den übrigen Strecken muss man ordentlich *il pedaggio*, die Straßenbenutzungsgebühr, löhnen. Um zu sparen, benutzen viele, vor allem auch Speditionsfirmen, die Landstraßen, was streckenweise zu chaotischem Verkehr führt.

La ferrovia, die Eisenbahn, überzieht in einem lockeren Netz die Halbinsel, Sardinien und Sizilien. Zugfahren ist billiger als bei uns. Deswegen sind die Züge häufig auch überfüllt. Rechtzeitige Platzreservierungen sind erforderlich, wenn auch nicht immer erfolgreich.

L'autobus, il pullman – Der Bus ist recht preiswert und empfiehlt sich besonders bei der Ost-West-Verbindung, da dort das Eisenbahnnetz dünn ist. Informationen sollten vor Ort bei den Fremdenverkehrsämtern oder bei Reisebüros eingeholt werden. Da es meist keine zentralen Busbahnhöfe gibt, muss man sich auch nach den Abfahrtsorten erkundigen.

Volare – Fliegen ist verhältnismäßig günstig, wenn man den Flieg- und Spartarif ausnutzt. Inzwischen gibt es gute Anschlüsse von allen bedeutenden deutschen Flughäfen, die meisten italienischen Zielorte werden mindestens einmal täglich angeflogen. Falls man vor Ort ein Mietauto will, sollte man es in Deutschland buchen.

Taxi! Es heißt nicht nur genauso wie bei uns, sondern ist auch etwa genauso teuer. Dort, wo es kein dichtes öffentliches Verkehrsnetz gibt, das gilt vor allem für den Süden, kann man mit Überland-Taxis recht günstig reisen. Sie stehen an größeren Bahnhöfen und Flughäfen, wo sich auch schnell Fahrgemeinschaften bilden. Den Preis sollte man auf jeden Fall vorher aushandeln!

Un miliardo, un milione, mille, cento... Ein Hang zum Überschwang herrscht bei den Recheneinheiten der Lira. Die Zehnergröße hat längst ausgedient, dafür gibt es nicht einmal mehr ein Bonbon als Wechselgeld. Hat man sich erst mal an *mila*, Tausender, und *milioni*, Millionen, gewöhnt, gibt man sie auch schon locker aus. Dafür entschädigt dann das Design der italienischen Geldscheine und Münzen.

un biglietto per
eine Fahrkarte nach

l'andata *die Hinfahrt*

il ritorno *die Rückfahrt*

quanto costa? *wie viel kostet?*

quando parte?
wann fährt … ab?

quando arriva?
wann kommt … an?

il treno *der Zug*

la stazione *der Bahnhof*

l'aereo *das Flugzeug*

il volo per *der Flug nach*

l'aeroporto *der Flughafen*

il pullman *der Bus*

l'autobus *der Bus*

Aussprache

gli wie lj also **biglietto** wie biljetto

Wichtig, wenn man rumkommen will

arrivare	*ankommen*
partire	*abfahren*
costare	*kosten*
andare	*gehen/fahren*
l'arrivo	*Ankunft*
la partenza	*Abfahrt*

wohin? – von wo? – womit?

per	für / nach	**il treno per Brindisi** der Zug nach Brindisi
		per tre giorni für drei Tage / drei Tage lang
a	in / um / am	**a Roma** in Rom
		alle otto di sera um acht Uhr abends
		all'aereoporto am Flughafen
	nach	**si va a Roma** man geht / fährt nach Rom
in	in	**in treno** im Zug
di	von	**all'aeroporto di Roma** am Flughafen von Rom
da	von	**parto da Francoforte** ich fahre von Frankfurt ab

Im Reisebüro

Buona sera, vorrei un biglietto per Roma.	Guten Abend, ich hätte gerne einen Fahrschein nach Rom.
Andata e ritorno?	*Hin- und Rückfahrt?*
Si, andata e ritorno. Quanto costa?	Ja, Hin- und Rückfahrt. Wie viel kostet es?
Settantottomila lire!	*Achtundsiebzigtausend Lire!*
Quando parte il treno per Roma?	Wann fährt der Zug nach Rom ab?
Alle ventidue!	*Um zweiundzwanzig Uhr.*
Quando arriva alla stazione di Roma?	Wann kommt der Zug auf dem Bahnhof in Rom an?
Alle sette di mattina!	*Um sieben Uhr morgens.*
Quando parte l'aereo per Vienna?	Wann geht der Flug nach Wien?
Il volo per Vienna è all'una e mezza.	*Der Flug nach Wien ist um halb zwei.*
All'aeroporto si va con il pullman?	Zum Flughafen fährt man mit dem Bus?
Si, c'è un autobus per l'aeroporto.	*Ja, es gibt einen Bus zum Flughafen.*

i numeri – die Zahlen

1	**uno**	19	**diciannove**	37	**trentasette**
2	**due**	20	**venti**	38	**trentotto**
3	**tré**	21	**ventuno**	39	**trentanove**
4	**quattro**	22	**ventidue**	40	**quaranta**
5	**cinque**	23	**ventitré**	50	**cinquanta**
6	**sei**	24	**ventiquattro**	60	**sessanta**
7	**sette**	25	**venticinque**	70	**settanta**
8	**otto**	26	**ventisei**	80	**ottanta**
9	**nove**	27	**ventisette**	90	**novanta**
10	**dieci**	28	**ventotto**	100	**cento**
11	**undici**	29	**ventinove**	200	**duecento**
12	**dodici**	30	**trenta**	300	**trecento**
13	**tredici**	31	**trentuno**	1000	**mille**
14	**quattordici**	32	**trentadue**	2000	**duemila**
15	**quindici**	33	**trentatré**	3000	**tremila**
16	**sedici**	34	**trentaquattro**	10000	**diecimila**
17	**diciassette**	35	**trentacinque**	100000	**centomila**
18	**diciotto**	36	**trentasei**	1000000	**un milione**

Die Reihenfolge ist ganz einfach: Tausender, Hunderter, Zehner, Einer.
1999 – millenovecentonovantanove

Achtung: Die Zehner verlieren ihren Endvokal (**i/a**) vor **uno** und **otto**.

1. Wie heißt die Zahl auf Italienisch?

1. undici – 12 – tredici – 14 – quindici– 16 – 17
2. diciotto – 19 – venti – 21 – ventidue – 23 – 24
3. trentasei – 37 – 38 – trentanove – 40 – 41
4. quaranta – 50 – sessanta – 70 – ottanta – 90 –100

2. Welche Antwort ist richtig?

1. Quanto costa un biglietto per Padova?
   - **a** All'aeroporto!
   - **b** Quarantottomila.
2. C'è un volo per Monaco (München)?
   - **a** Alle nove di sera.
   - **b** Si, l'autobus arriva alle diciotto.
3. Quando parte il pullman per Riva?
   - **a** Andata e ritorno
   - **b** Alle ventitre!

3. Sagen Sie's auf Italienisch

1. Sie wollen eine Hin- und Rückfahrkarte nach Verona.
2. Sie wollen wissen, ob es einen Bus nach Malcesine gibt.
3. Sie wollen den Preis einer Einfachfahrt nach Catania wissen.
4. Sie wollen wissen, wann es einen Flug nach Palermo gibt.

4. Schreiben Sie in Ziffern

1. quarantatré ....
2. settemila ottocentoventi ....
3. duemila sedici ....
4. mille sessantasei ....
5. duemila settecentoventuno ....

5. Was fehlt?

1. Quando arriva l'aereo .... Roma .... Monaco ?
2. Dove parte il treno .... Mantova?

Orientierung

hier
qui /qua

die erste Straße
la prima strada

nach rechts
a destra

nach links
a sinistra

in der Nähe von
vicino a

weit weg von
lontano da

die erste Straße nach
la prima strada a

zu Fuß
a piedi

mit dem Auto
con l' auto

im Zentrum
in centro

auf der Piazza
in piazza

in der Straße
in via

geradeaus
diritto

bei der Ampel
al semaforo

an der Kreuzung
all'incrocio

an der nächsten Ecke
al prossimo angolo

Verben

ich hätte gerne
vorrei

haben Sie?
(Lei) ha?

es gefällt mir nicht
non mi piace/ mi dispiace

da sind, da gibt es
ci sono

ich weiß es nicht
non lo so

man wendet (sich) nach
si gira a

man geht nach
si va a

ankommen
arrivare

abfahren
partire

kosten
costare

gehen, fahren
andare

arbeiten
lavorare

Rumkommen

eine Fahrkarte nach
un biglietto per

Bahnhof
la stazione

Zug
il treno

Flugzeug
l'aereo

Flug nach
un volo per

Flughafen
l'aeroporto

Bus
il pullman/ l'autobus

Ankunft
l'arrivo

Abfahrt
la partenza

Hin- und Rückfahrt
andata e ritorno

Zeitangabe

dann
poi

immer
sempre

einen Tag lang
per un giorno

Eigenschaften

ausgebucht
al completo

ehelich, Ehe-
matrimoniale

nur, allein(e)
solo

Zauberwörter

kann ich?
posso?

ist es erlaubt?
permesso?

entschuldigen Sie
scusi!

entschuldige
scusa!

tausend Dank!
grazie mille

gern geschehen
prego

bitte
per favore

ein bisschen, etwas
un pò

hier, da ist
ecco

wo?
dove?

wie viel?
quanto?

wann?
quando?

Adressen

Auskünfte über ganz Italien erteilen die staatlichen italienischen Fremdenverkehrsämter. Die Zentrale sitzt in Rom:

ENIT, Ente Nazionale per il Turismo,
V. Marghera 2, 00185 Roma, Tel. 06/49711

Büros der ENIT befinden sich an den wichtigsten Grenzübergängen Italiens sowie an den Häfen von Genua, Livorno und Neapel.

ENIT-Zweigstellen in Deutschland:

Karl-Liebknecht-Straße 34, 10178 Berlin
Tel. 030/24 78 397

Kaiserstraße 65, 60329 Frankfurt am Main,
Tel. 069/23 74 34 oder 23 74 30

Goethestraße 20, 80336 München,
Telefon 089/53 03 69

Unterkommen

Zimmer
la camera

Schlafplatz
il posto letto

Bett
il letto

Bad
il bagno

Dusche
la doccia

Pass
il passaporto

Unterschrift
la firma

der/die Schlüssel
la chiave, le chiavi

1. Haben Sie aufgepasst?

1. Die Reihenfolge der Zahlen auf Italienisch ist
 a Tausender, Hunderter, Einer, Zehner
 b Tausender, Hunderter, Zehner, Einer
2. Ankunft und Abfahrt der Züge heißt:
 a andata e ritorno
 b arrivo e partenza
3. «la riduzione» ist
 a letzter Modeschrei
 b Preisnachlass
4. «un letto matrimoniale» ist ein
 a Ehebett
 b Preisnachlass für Jungvermählte
5. «turismo verde» bedeutet
 a Arbeitseinsatz im Freien
 b Urlaub auf italienischen Bauernhöfen

2. Ergänzen Sie

1. Domani andiamo .... Varese.
2. Si va .... piedi, non .... la macchina.
3. L'aereo .... Colonia arriva .... (14.00 Uhr).
4. Quan .... costa un biglietto .... Napoli?
5. L'aereo parte .... Monaco.
6. Il treno arriva .... Roma ....una.

3. Kopfrechnen auf Italienisch

1. tredici più ventotto fa ....
2. diciotto meno cinque fa ....
3. trentasette meno diciannove fa ....
4. tremila novecentoottantasei meno milletredici fa ....
5. ottocentosettantaquattro più quarantotto fa ....

4. Sagen Sie's auf Italienisch

1. Wo sind die Schlüssel?
2. Mir gefällt das Zimmer nicht.
3. Bitte, hier ist der Pass!
4. Ich hätte gerne ein Zimmer mit zwei Betten.
5. Wie viel kostet das Zimmer für drei Tage?
6. Wann fährt der Bus nach Rimini ab?

5. Setzen Sie die richtige Zahl (keine Ziffern!) davor und danach ein

1. .... novecentoventotto ....
2. .... trentanove ....
3. .... ottomilasettantatre ....
4. .... unmilione seicentotrentadue ....

6. Streichen Sie das falsche Wort

1. arrivo, partenza, permesso, stazione, treno
2. per, ecco, in, di, con, a
3. dove, come, doccia, quando, quanto
4. a destra, domani, a sinistra, al centro, diritto,
5. pullman, treno, taxi, cento, macchina

7. Ergänzen Sie

1. un treno/ due ....
2. un biglietto/ dieci ....
3. una strada/ tre ....
4. una chiave/ quattro ....
5. un aereo / due ....

8. Teilen Sie den Bandwurm

1. nonsodov'èl'angolo
2. midispiacesiamoalcompleto
3. persettegiornicostaottocentocinquantamilalire

Dieser Aufforderung kommen Einheimische wie Gäste in Italien besonders gerne nach. *La cucina italiana*, die italienische Küche, ist so gut wie ihr Ruf, nur gibt es sie eigentlich gar nicht – genauso wenig wie «die» Italiener. Reisende lernen sehr schnell die kulinarischen Besonderheiten der einzelnen Regionen Italiens kennen und schätzen. Man kann von einer sizilianischen, einer toskanischen, einer venezianischen Küche oder von der kulinarischen Tradition Piemonts, der Emilia Romagna, Südtirols, Campaniens oder Calabriens sprechen. Und selbst innerhalb dieser Regionen lassen sich große und kleine Unterschiede erschmecken. Geographische Gegebenheiten und eine wechselhafte Geschichte ließen die Entwicklung einer einheitlichen italienischen Küche gar nicht zu. Und wegen dieser kulinarischen Vielfalt gibt es in Italien kaum ein größeres Vergnügen, als beim Essen über das Essen zu reden. Wortgewaltig wird erörtert, ob die *spaghetti* am besten in *salsa verde*, in grüner Soße, schmecken oder mit *aglio e olio*, Knoblauch und Olivenöl. Qualität und Gardauer der *pasta*, das ist ein abendfüllendes Thema und führt nicht selten zu heftigen Streitgesprächen. Wie lange der *sugo di pomodori*, die Tomatensoße, köcheln muss und welche Kräuter hineingehören, das kann zur Weltanschauung werden. Dabei können sich Tischgesellschaften kurzfristig ernsthaft entzweien, um schließlich beim Lamento über *il conto*, die Rechnung, oder *il caro vita*, die steigenden Lebenshaltungskosten, wieder zusammenzufinden. *Olio di oliva*, das Olivenöl, ist unangefochten allgemeiner Bestandteil der Küchen Italiens. Vielfältige Herstellungsarten und Herkunftsorte sorgen aber auch hier für Gesprächsstoff. Ist das toskanische, das apulische, das sizilianische Öl besser? Wie muss man es würzen, damit es leichter verdaulich wird? *La pasta* ist ebenso unverzichtbar, spielt aber nicht überall die Hauptrolle. Im Piemont und in der Lombardei wird *il riso*, der Reis, bevorzugt, im Veneto *la polenta*, eine Art Maisfladen. Mehr als hundert industriell hergestellte *Pasta*-Sorten gibt es, und ihre phantasievollen Formen, Farben und Namen zeigen, wie beliebt dieses «Nationalgericht» ist. Inzwischen

A tavola!

Zu Tisch!

scheint bewiesen, dass die Nudel tatsächlich eine originär italienische Erfindung ist und nicht, wie lange vermutet, von dem Venezianer Marco Polo aus China mitgebracht wurde. Gemüse wie Nudeln werden am liebsten *al dente* zubereitet, das heißt: *il dente*, der Zahn, soll noch was zum Beißen haben. Knoblauch, Tomaten, Peperoni und Pizza haben von Süditalien aus ganz Italien erobert und bilden, wie man in politischen Kochbüchern lesen kann, ein Dokument der nationalstaatlichen Einheit. *Bella compagnia* – in angenehmer Gesellschaft zu essen, ist Ritual und nicht Lebensnotwendigkeit. Wenn Mitteleuropäer einen geselligen Abend verbringen möchten, gehen sie «etwas trinken». Wenn Italiener ein paar Stunden mit Freunden plaudern wollen, sagen sie *«mangiamo un boccone»*, essen wir einen Happen. *Il pranzo*, das Mittagessen, und *la cena*, das Abendessen, folgen bestimmten Regeln der Speisefolge und keinesfalls dem Terminkalender. Man beginnt mit den *antipasti*, den Vorspeisen jeder Art: mariniertes Gemüse, Tomatensalat mit Schinken, kleine Wurst-, Fleisch- oder Fischhappen. Es folgt *il primo piatto*, der erste Gang: meistens Teigwaren oder Reisgerichte in mittleren Portionen, auch Suppen. *Il secondo piatto*, der zweite oder Hauptgang, besteht aus Fleisch oder Fisch in kleinen Portionen, zum Genießen, nicht zum Sattwerden. *I contorni*, das sind die Gemüse- oder Salatbeilagen. Sie können in der Regel nach eigenem Geschmack und je nach Saison zusammengestellt werden. Es folgen *il formaggio*, der Käse, oder *i dolci*, die süßen Nachspeisen. Zum krönenden Abschluss gibt es *un espresso* und vielleicht auch *un digestivo*, einen Verdauungstrunk. Die bunten Flaschenbatterien in Bars und Restaurants dokumentieren eines nachdrücklich: Italien hat auch eine reiche Spirituosenkultur. Ein Kurzurlaub dürfte nicht genügen, um alle Aperitifsorten, Magenbitter und Wermutmischgetränke kennen zu lernen. Italienischer Käse mag dem französischen in der Vielzahl der Sorten nachstehen. Was jedoch die Qualität betrifft, da ist er durchaus ebenbürtig. Der *parmigiano reggiano*, Parmesan, nimmt den ersten Platz ein. Er ist ein relativ magerer Hartkäse aus Kuhmilch, stammt aus der Emilia Romagna und muss mindestens eineinhalb Jahre reifen. Der *grana padano*, der Kernige aus Padova, schmeckt ähnlich, ist jedoch etwas jünger und billiger. Beide gehören frisch gerieben auf die *pasta*.

un tavolo libero *ein freier Tisch*

prego, si accomodi *bitte, Platz zu nehmen*

il menù *das Menü, die Speisekarte*

a pranzo *zum Mittagessen*

non abbiamo mangiato *wir haben nicht gegessen*

tanto *viel*

per cena *zum Abendessen*

il risotto *das Reisgericht*

il pesce *der Fisch*

21

l'antipasto *die Vorspeise*

prendo *ich nehme*

il prosciutto crudo *der rohe Schinken*

il formaggio *der Käse*

il piatto *der Teller*

il primo piatto *der erste Gang*

gli spaghetti *Spaghetti*

il secondo piatto *der zweite Gang*

la carne *das Fleisch*

avere – haben

ho	*ich habe*
hai	*du hast*
ha	*er / sie hat*
ha	*Sie haben (Singular)*
abbiamo	*wir haben*
avete	*ihr habt / Sie haben (Plural)*
hanno	*sie haben*

no oder non?

Eigentlich wissen Sie es ja schon: **no** = nein und **non** = nicht

Also: **Arrivi con la macchina? – No, arrivo con il treno.**
Kommst du mit dem Auto? – Nein, ich komme mit dem Zug.

Non ho mangiato. – Non lavoro. – Non è lontano.
Ich habe nicht gegessen. – Ich arbeite nicht. – Es ist nicht weit.

Non bedeutet auch kein: **Non ho un tavolo.** – *Ich habe keinen Tisch.*

Ich habe Hunger

Buon giorno, c'è un tavolo libero per sei?	Guten Tag, ist ein Tisch frei für sechs?
Si, qui all'angolo. Prego, si accomodi! Ecco, il menù.	*Ja, hier in der Ecke. Bitte, Platz zu nehmen. Und hier ist die Speisekarte!*
A pranzo non abbiamo mangiato tanto.	Zum Mittagessen haben wir nicht viel gegessen.
Per cena vorrei mangiare un buon piatto di risotto e poi pesce.	*Zum Abendessen möchte ich gerne einen guten Teller Risotto essen und dann Fisch.*
Come antipasto prendo prosciutto crudo e formaggio, come primo spaghetti, e come secondo carne.	Als Vorspeise nehme ich rohen Schinken und Käse, als ersten Gang Spaghetti und als zweiten Gang Fleisch.
È tutto?	*Ist das alles?*

Partizipien

Mit den Hilfsverben **avere** und **essere** können Sie jetzt auch das Perfekt (vollendete Gegenwart) bilden:

ho mangiato – *ich habe gegessen*
abbiamo lavorato – *wir haben gearbeitet*

Das mit **avere** verbundene Partizip Perfekt bleibt gewöhnlich unverändert:

hai mangiato bene, abbiamo mangiato male.

Das mit **essere** verbundene Partizip ist veränderlich:

la signora è partita – *die Dame ist abgereist*
il signore è partito – *der Herr ist abgereist*
le signore sono partite – *die Frauen sind abgereist*
i signori sono partiti – *die Herren sind abgereist*

Für die einfache Verständigung genügt diese Form der Vergangenheit!

Übereinstimmung!

il tavol**o** liber**o** – **i** tavol**i** liber**i**
la camer**a** liber**a** – **le** camer**e** liber**e**
il letto matrimonial**e** – **i** letti matrimonial**i**
la cena grand**e** (groß) – **le** cene grand**i**

Eigenschaftswörter richten sich nach dem Substantiv:

	männlich		weiblich	
Einzahl	**-o**	**-e**	**-a**	**-e**
Mehrzahl	**-i**	**-i**	**-e**	**-i**

1. Wie lautet die richtige Antwort?

1. Hai mangiato?
   a Non ho mangiato.
   b No, prendo la macchina.
2. Prendi spaghetti?
   a Non ho il menù.
   b No, prendo un risotto.
3. Ti piace il pesce?
   a No, mi piace la bistecca.
   b Si, è un prosciutto crudo.

2. Ergänzen Sie

1. Ecco, il tavolo .... per sei. (frei)
2. Abbiamo mangiato un .... risotto. (gut)
3. Vorrei prendere una............................ bistecca. (gut)
4. No, non c'è formaggio .... (deutsch)
5. Come .... piatto prendo la carne. (zweiter)
6. Mi piace il prosciutto .... (roh)

3. Springen Sie in die Vergangenheit

1. mangio – ho ....
2. lavoriamo – abbiamo ....
3. mangiano – hanno ....
4. lavora – ha ....
5. arriviamo – siamo ....
6. Claudio arriva – Claudio è ....
7. Claudia parte – Claudia è ....
8. I signori partono – i signori sono ....
9. Le signore arrivano – le signore sono ....

4. Trennen Sie die Wörter

1. apranzomangiounbuonpiattodirisottoeunpesce
2. ilprosciuttocrudoeglispaghettisonobuoni

Vini italiani – Italienische Weine

Bereits die frühen griechischen Einwanderer wussten, dass die Reben auf der zu fast achtzig Prozent aus Hügeln und Gebirgen bestehenden Apennin-Halbinsel besonders gut gedeihen. Deswegen nannten sie ihre neue Heimat «Land des Weines». Heute ist Italien mit mehr als einem Fünftel der Weltproduktion Weinproduzent Nummer eins. Zwischen zwei- und viertausend Weinsorten höchst unterschiedlicher Qualität soll es geben. Der gute Ruf des italienischen Weines hat Mitte der achtziger Jahre nach einem großen Weinpanscherskandal gelitten. Zur Sicherheit sollte man bei Flaschenweinen auf folgende Bezeichnungen achten:

DOC – *Denominazione di origine controllata*, das ist die Bezeichung für die gesetzliche Kontrolle der Herkunft der Weine, die auf dem Etikett vermerkt sein muss. Allerdings enthalten die DOC-Siegel keine Garantie für die Qualitätsprüfung am Ende der Produktion.

DOCG – *Denominazione di origine controllata e garantita*, das so beschriftete Siegelband am Flaschenhals garantiert auch die Kontrolle des Endproduktes. Die Spitzenweine Barolo, Barbaresco, Vini nobili di Montepulciano und Albana Romagna zeichnen sich dadurch aus.

Nur ein Zehntel der italienischen Weine trägt die Kontrollsiegel DOC oder DOCG. Aber auch dort, wo Herkunft und Herstellung nicht überwacht werden, kann man ganz vorzüglichen *vino da tavola*, Tafelwein, finden. Der allgemeine Rückgang des Weinkonsums hat die Winzer zu Qualitätssteigerungen angestachelt. Restaurants und Trattorien bieten vielfach *vino di casa*, offenen Wein aus eigenem oder zumindest aus lokalem Anbau, an. Die Frage nach einem *vino buono* lohnt sich, und vielleicht kommt man so auch etwas ins Gespräch oder in die *cantina*, in den Weinkeller des Hauses.

Beliebte Weine

Albanello di Siracusa	strohgelber, süßer Wein aus Sizilien
Barbaresco	rubinroter Wein aus Piemont
Bardolino	trockener rubinroter Wein aus Venetien
Barolo	samtiger Rotwein aus Piemont
Bianco di Conegliano	goldgelber, harziger Wein aus Venetien
Chianti	Rotwein aus der Toskana
Lambrusco	moussierender Rotwein aus der Emilia-Romagna
Prosecco	goldgelber, moussierender Wein aus Venetien

preferisco
ich mag lieber, ich ziehe vor

la bistecca *das Schnitzel*

il contorno *die Beilage*

l'insalata mista *gemischter Salat*

qualcosa da bere
etwas zu trinken

una bottiglia *eine Flasche*

piccolo *klein*

grande *groß*

l'acqua minerale
das Mineralwasser

allora *also*

un bicchiere *ein Glas*

la birra *das Bier*

il vino bianco *der Weißwein*

il vino rosso *der Rotwein*

il vino di casa *der Hauswein*

basta così *das genügt so*

ripeto *ich wiederhole*

Bestellen, aber höflich!

vorrei	ich hätte gerne
mi porti, per favore	bringen Sie mir bitte
desidero	ich wünsche

di oder del?

una bottiglia di vino	ein Flasche Wein
un po di pane	etwas Brot
ancora del pane	noch etwas Brot
ancora del vino	noch etwas Wein
dell'acqua	vom Wasser
dell'olio	vom Öl

Achtung: **dell'** steht vor einem Hauptwort, das mit Vokal beginnt!

Im Restaurant

Prendiamo del pesce? — Nehmen wir Fisch?
No grazie, non mangio pesce, preferisco la bistecca. — *Danke, ich esse keinen Fisch, ich mag lieber Schnitzel.*
Come contorno? — Und als Beilage?
Vorrei un' insalata mista. — *Ich hätte gerne einen gemischten Salat.*

26

Qualcosa da bere? — Etwas zu trinken?
Prendo un bicchiere grande di birra! E per la signora una piccola bottiglia di acqua minerale e un vino buono! — *Ich nehme ein großes Glas Bier! Und für die Dame eine kleine Flasche Mineralwasser und einen guten Wein!*
Bianco o rosso? — Rot oder weiß?
Un buon vino rosso. — *Einen guten Rotwein.*
Un vino di casa? — Einen Hauswein?
Sì, prendiamo il vino di casa! — *Ja, wir nehmen den Hauswein!*
Allora, ripeto: una birra grande, una bottiglia di acqua minerale e un buon vino rosso di casa! — Also, ich wiederhole: ein großes Bier, eine Flasche Mineralwasser und einen guten Hauswein.

Basta così? — Genügt das so?

Essen gehen

pane e coperto – Brot und Gedeck
In der Regel zahlt man dafür extra. Also wundern Sie sich nicht, wenn *il coperto* auf der Rechnung erscheint und Sie sich nicht daran erinnern können, es bestellt zu haben.

menù turistico – Menü für Touristen
Das muss nicht unbedingt schlecht sein, ist zumeist billiger als ein Mahl à la carte.

servizio al tavolo – Bedienung am Tisch
Kostet fast doppelt so viel wie an der Theke.

la mancia – das Trinkgeld
Sie sollten es nicht vergessen, wenn das Essen gut und die Bedienung zuvorkommend war!

1. *Was fehlt?*

1. Vorrei un bicchiere .... acqua minerale.
2. Mi porti, per favore, il vino ...... casa.
3. Desidera ancora .... vino?
4. Una .... di vino bianco.
5. Un bicchiere di .... minerale.

2. *Auf Italienisch*

1. Bitte bringen Sie mir noch eine Flasche Rotwein.
2. Ich hätte gerne noch etwas Brot.
3. Die Rechnung, bitte!

3. *Verbessern Sie*

1. Prendo una buono bistecca.
2. Il vino bianca no mi piace.
3. Il vino di caso è buono.
4. Prendiamo la insalata misto.

4. *Wie lautet die richtige Antwort?*

1. Desidera?
   - **a** La torta è buona.
   - **b** Vorrei un'altra bottiglia di birra.
2. Ancora un pò di vino?
   - **a** Si, prendo il pesce.
   - **b** No, grazie, mi porti un bicchiere di acqua, per favore.
3. Com' è il vino di casa?
   - **a** Grazie, mi piace.
   - **b** Preferisco l'insalata mista.

5. *Höflich bestellen*

1. V........................ un altro bicchiere di birra!
2. .... porti .... ancora del pane!
3. D .... come contorno un' insalata.

Buon appetito! – Guten Appetit!

Diverse Restaurantführer leiten kundig durch die italienische Esskultur, die inzwischen von den Alpen bis zum Ätna eines eint: Die Preise der bekannten Restaurants sind kaum noch bezahlbar. Das liegt an dem strengen Griff des Staates nach Steuern jeder Art; steigende Löhne und Sozialabgaben tun ein Übriges dazu. Deswegen haben die Italiener etwas wieder entdeckt: die kleine *trattoria,* das Familienrestaurant. Da schwingt noch *il padrone,* der Familienchef, den Kochlöffel, *la mamma* preist die Spezialitäten des Hauses an, und die Kinder tragen auf. Deftige Hausmannskost und keine gesalzenen Rechnungen also!

Die amerikanischen Fastfood-Ketten gibt es auch in Italien. Sie sind jedoch der italienischen Variante des *mordi e fuggi* (beiß und hau ab, also «Schnellfraß») eindeutig unterlegen. In der *paninoteca* gibt es nicht einfach nur Brötchen *(panini).* Tatsächlich findet sich hier eine Fülle von Köstlichkeiten für den kleinen und großen Hunger: Brötchen, Weißbrot, Toast, belegt mit *salame* (Salami), *tonno* (Thunfisch), *prosciutto* (Schinken), mit Käse, Tomaten, Artischocken. Auch in größeren Bars gibt es ähnliche *snacks.*

L'osteria, die Weinschenke, ist in den meisten Städten dem Chromthekenschick der Bars gewichen. Sollte man jedoch tatsächlich noch eine solche traditionsreiche Kneipe auftreiben, so muss man die *cicchetti* unbedingt probieren. In kleinen Häppchen, oft auf Zahnstochern aufgespießt, bieten sich so die Spezialitäten der jeweiligen Region an. *Vino,* ob *bianco* oder *rosso,* ist auf dem Rückzug. Das hat vielerlei Gründe. Längst nicht mehr alle Italiener finden Gelegenheit, mittags zu Hause mit der Familie zu essen und sich anschließend, vom opulenten Mahl und Weingenuss etwas schläfrig, zum *pisolino,* zum Schläfchen, zurückzuziehen. *La coca* (Coca-Cola) und *la birra* (das Bier) sind auf dem Vormarsch.

Bestimmt haben Sie's schon gemerkt

Eigenschaftswörter stehen im Allgemeinen nach dem Subjekt.

Bei **buono** und **bello** können Sie wählen, ob davor oder danach!
buono, bello – gut, schön – werden in der Regel vor männlichem Subjekt verkürzt (außer bei s + Konsonant).

Also: **un buon caffè – un bel signore**
il buon vino aber: **il vino buono**
il bel pesce aber: **il pesce bello**

il cameriere *der Kellner*

la cameriera *die Kellnerin*

manca *es fehlt*

la forchetta *die Gabel*

anche *auch*

l'olio *das Öl*

l'aceto *der Essig*

il pane *das Brot*

un altra/o *noch eine / einen*

i dolci *der Nachtisch*

la torta *die Torte*

il gelato *das Eis*

una fetta di *ein Stück von*

il caffè *der Kaffee*

il digestivo *der Magenbitter*

subito *sofort*

il conto *die Rechnung*

c'è un errore *da ist ein Fehler*

controllare *kontrollieren*

un buon caffè – der gute Kaffee auf vielerlei Art

l'espresso	bezeichnet eigentlich nur die «schnelle» Zubereitungsart
il caffè ristretto	ein konzentrierter Espresso
il caffè lungo	ein mit Wasser verlängerter Espresso
il caffè freddo	ein eisgekühlter Espresso
il caffè corretto	ein Espresso mit etwas Alkohol (zum Beispiel Grappa)
il caffè macchiato	ein Espresso mit etwas Milch (kleine Tasse)
il caffè latte	ein Glas Milch mit etwas Espresso
il cappuccino	ein Espresso mit Milchschaum (große Tasse)

Una buona forchetta ist keine besonders griffige Gabel, sondern ein Feinschmecker, der sich auch dadurch auszeichnet, dass er weiß, wie viele Arten der Kaffeezubereitung es gibt.

Noch einen Wein und die Rechnung

Prego, cameriere!	Kellner, bitte!
Ecco! Desidera?	*Hier! Sie wünschen?*
Manca una forchetta, e anche l'olio e l'aceto!	Es fehlt eine Gabel und auch das Öl und der Essig!
Ancora del pane?	*Noch Brot?*
No, grazie, un'altra bottiglia di vino, prego!	Nein, danke, noch eine Flasche Wein, bitte!
Come dolci abbiamo la torta e il gelato!	Als Nachtisch gibt es Torte und Eis.
Prendo una fetta di torta.	*Ich nehme ein Stück Torte.*
Desidera un caffè?	Möchten Sie einen Kaffee?
No, grazie, vorrei un digestivo e il conto, per favore!	*Nein, danke, ich hätte gerne einen Magenbitter und die Rechnung bitte.*
Subito!	Sofort!
Mi dispiace, c'è un errore!	*Es tut mir Leid, aber da ist ein Fehler!*
Controllo subito.	Ich kontrolliere sofort!

altro da bere – noch mehr zum Trinken

le bevande analcoliche	nichtalkoholische Getränke
l'aranciata	Orangensaft
la limonata	Limonade
la spremuta	frisch ausgepresster Fruchtsaft
il tè	der Tee

1. Die richtige Antwort?

1. Manca l'olio?

a Il conto, per favore!
b No, manca l'aceto

2. Prendi un buon caffè?

a Si, vorrei un caffè freddo.
b Si, la spremuta mi piace.

3. Sei una buona forchetta?

a No, non mi piace mangiare.
b C'è un errore nel conto.

2. Was gehört nicht dazu?

1. la spremuta – il tè – il conto – la limonata – il cappuccino
2. bottiglia – forchetta – piatto – bello – tavolo
3. bere – mangiare – aranciata – desiderare – prendere

3. Sagen Sie's auf Italienisch

1. Bitte bringen Sie mir eine Limonade!
2. Ich hätte gerne einen Verdauungstrunk!
3. Zum Nachtisch hätte ich gerne ein Eis.
4. Ich nehme noch ein Stück von der Torte.

4. Richtig davor gesetzt

1. un cameriere (bello)
2. il gelato (buono)
3. la cucina (buona)
4. il pesce (buono)
5. la signora (bella)

5. Lösen Sie den Bandwurm

1. Vorreiilcontoperfavore!
2. Seiunabuonaforchetta!
3. Comedolcevorreiunafettaditorta.

Bestellung

Menü
il menù

Speisekarte
il menù

bringen
portare

wünschen
desiderare

ich habe lieber
preferisco

Vorspeise
l'antipasto

erster Gang
il primo piatto

Beilage
il contorno

haben
avere

fehlen
mancare

kontrollieren
controllare

genügen
bastare

wiederholen
ripetere

Essen

Fisch
il pesce

Fleisch
la carne

Brot
il pane

Spaghetti
gli spaghetti

Schnitzel
la bistecca

gemischter Salat
l'insalata mista

Gabel
la forchetta

Essig
l'aceto

Öl
l'olio

roher Schinken
il prosciutto crudo

Käse
il formaggio

Nachtisch
il dolce

Eis
il gelato

Stück Torte
la fetta di torta

Im Restaurant

ein freier Tisch
un tavolo libero

bitte, Platz zu nehmen
prego, si accomodi

Kellner
il cameriere

Kellnerin
la cameriera

zum Mittagessen
a pranzo

zum Abendessen
per cena

Rechnung
il conto

Fehler
l'errore

Trinken

Kaffee
il caffè

Tee
il tè

etwas zu trinken
qualcosa da bere

eine Flasche
una bottiglia

Mineralwasser
l'acqua minerale

ein Glas
un bicchiere

Bier
la birra

Rotwein
il vino rosso

Weißwein
il vino bianco

Hauswein
il vino di casa

Magenbitter
il digestivo

Kleine Wörter

nicht
non

viel
tanto

klein
piccolo

groß
grande

sofort
subito

noch
ancora

noch eine/einen
un' altra/un altro

alles
tutto

so
così

Partizipien, schon bekannt

arrivare – *arrivato*
andare – *andato*
chiamare – *chiamato*
costare – *costato*
lavorare – *lavorato*
mangiare – *mangiato*
partire – *partito*
portare – *portato*

Klarheit schaffen

Sind Getränke und Bedienung im Preis inbegriffen?
Le bevande e il servizio sono compresi nel prezzo?

Ich habe etwas anderes bestellt
Ho ordinato un'altra cosa.

Ich möchte den Wirt sprechen.
Vorrei parlare con il padrone.

Restaurant & Co.

Im Restaurant wird in der Regel erwartet, dass die «Gangordnung» eingehalten wird. Also viel Hunger und eine volle Brieftasche mitbringen!

Pizza bekommt man nur in einer *pizzeria!*

In der *rosticceria* gibt es Gegrilltes, Gebratenes, Gesottenes zum Mitnehmen. Vielfach wird dort auch eine Art Stehimbiss betrieben.

1. Was ist richtig?

1. «Al dente» sind Spaghetti, wenn
a man sie als Zahnstocher nutzt.
b sie noch etwas Biss haben.
c sie zu einem Brei verkochen.

2. Sie verlangen nach der Rechnung, indem sie
a den Arm anheben und Zeige- und Mittelfinger am Daumen reiben.
b lautstark «pagare!» durch das Lokal brüllen.
c «Il conto, per favore!» sagen.

3. Tischgesellschaften entzweien sich, weil sie
a übers Essen streiten.
b über die Rechnung streiten.
c übers Partizip streiten.

4. In der «trattoria»
a gibt's nur belegte Brötchen.
b werden Traktoren repariert.
c schwingt der Familienvater den Kochlöffel.

2. Ergänzen Sie

1. Preferisco il vino ...... casa.
2. Mi porti un pò .... pane.
3. La bella signora è .... Parma.
4. Il (bello) .... cameriere porta la (buono) .... pasta.
5. Ci sono (grande) .... tavoli.

3. Kaffee bestellen, aber richtig

1. Kalter Kaffee ....
2. Milchkaffee ....
3. Espresso mit einem Schuss Alkohol ....
4. Extrastarker Espresso ....

4. Antworten Sie verneinend

1. Prendi un digestivo?
2. C'è del prosciutto crudo?
3. Angela, mangi una fetta di torta?
4. Hai lavorato tanto?
5. Avete mangiato bene?
6. Siete arrivati a casa?

5. Rätselhaftes auf Italienisch

1. Konservierter Oberschenkel des Schweines: ....
2. Gehört zum Besteck und zum Club der Feinschmecker:
   ....
3. Damit das Gebiss auf seine Kosten kommt, müssen die Spaghetti so sein: ....
4. Regt auch die fröhlichste Tischgesellschaft zum Lamento an:
   ....

6. Was ist richtig?

1. le .... signore
   a bella
   b belli
   c belle

2. un pranzo .... ristorante
   a in
   b al
   c per

3. il .... pesce
   a buone
   b buono
   c buon

4. una bottiglia .... coca-cola
   a di
   b da
   c dell'

5. mi .... l'olio, per favore
   a porto
   b porti
   c preferisco

6. c'è un tavolo .... per tre
   a crudo
   b rosso
   c libero

7. Und wieder Bandwürmer

1. Mangiunabuonafettaditorta?
2. Iviniitalianisonomoltobuoni.
3. Lesignorealristorantesonobelle.

Ob auf dem Markt oder in Edelboutiquen – in Italien wird Einkaufen zu einem unterhaltsamen, aber nicht unbedingt immer billigen Abenteuer. Mode, Design, Möbel, Haushaltsgeräte, Lederartikel, das sind die Spitzenprodukte der exportorientierten italienischen Industrie. Und diese ist hauptsächlich in Norditalien angesiedelt. *Comprare e vendere*, Kaufen und Verkaufen, diese Tätigkeiten sind unverzichtbare Bestandteile des alltäglichen *spettacolo.* Und dafür nimmt man sich viel Zeit. *Al mercato*, auf dem Markt, kann man italienische Lebensart und die Spezialitäten der regionalen Küche am besten kennen lernen. In jeder größeren Stadt gibt es mindestens einen Tagesmarkt, wo man sich vormittags mit frischem Gemüse und Obst eindecken kann. Ein Bummel über den Fischmarkt einer Hafenstadt ist ein Erlebnis für sich, auch wenn man weiß, daß die Fischspezialitäten längst nicht mehr frisch aus dem Mittelmeer oder der Adria kommen. Die Wochenmärkte süditalienischer Kleinstädte bieten vom Kochtopf bis zum Kostüm alles, was man so im Leben braucht. Und nicht selten gibt es da spottbillige Markenartikel dubioser Herkunft. Vorsicht ist geboten bei Kaufangeboten auf Parkplätzen und Rastanlagen. Hier sind vielfach Hehlerringe und Trickbetrüger tätig. *Supermercati e magazzini*, Supermärkte und große Kaufhäuser, sind für viele unverzichtbare, weil billige Einkaufsmöglichkeiten. Qualitativ hochwertige Bekleidungsartikel sind hier unter Umständen um die Hälfte billiger als in den Boutiquen der Innenstädte. *L'artigianato,* das Handwerk, wird vom Staat besonders gefördert und bietet, je nach regionaler Tradition und touristischen Vorlieben, interessante Produkte an: Keramik, handgewebte Stoffe, Spitzen, hochwertige und nach Maß gearbeitete Lederartikel, Schmiedeeisen, traditionell gefertigte Möbel. *Lo sconto*, der Preisnachlass, ist eigentlich immer möglich, bei größeren Käufen ist er durchaus üblich, falls er vergessen wird, trauen Sie sich ruhig, mal nachzufragen! Darüber hinaus gibt es wie bei uns *saldi,* die saisonbedingten Schlussverkäufe.

Al negozio
Im Geschäft

La economia – die Wirtschaft

Italien, bis nach dem Zweiten Weltkrieg vorwiegend Agrarland, gehört heute zu den zehn reichsten Industrienationen. Charakteristisch für die Wirtschaftsstruktur sind die großen Unterschiede zwischen Nord- und Süditalien. In den fünfziger und sechziger fand im Nordwesten, insbesondere um Turin und Mailand, eine rasante Industrialisierung statt. Ende der achtziger und in den neunziger Jahren kam es zur Entflechtung der Groß- und zur Privatisierung der Staatsunternehmen.

Kleine und mittelständische Firmen, vorwiegend im Nordosten, wurden zum Motor eines «zweiten Wirtschaftswunders». So gehört das Veneto (Venetien) heute zu den Regionen Europas mit dem höchsten Wachstum. Hier reagierten kleine und mittlere Betriebe, meist noch in Familienbesitz, flexibel und innovativ auf die Öffnung des Ostmarktes und auf die Nachfrage des europäischen Binnenmarktes. Insbesondere die Exportindustrie profitierte Anfang der neunziger Jahre von dem Kursverfall der Lira.

Wachstumsimpulse gab es auch in der traditionell von staatlichen Subventionen abhängigen und von Mafia-Machenschaften blockierten Wirtschaft des Südens, aber allein Apulien verzeichnet heute eine tiefer gehende Stabilisierung. Das Durchschnittseinkommen im Süden macht kaum zwei Drittel von dem des Norden aus. Die wirtschaftliche Leistungkraft von Nord und Süd steht im Verhältnis vier zu eins. Nahezu ein Drittel der Erwerbsfähigen ist in Süditalien ohne Arbeit, während die Boomregion des Nordwestens über Arbeitskräftemangel klagt. Allerdings hat sich der Lebensstandard in Süditalien in den letzten beiden Jahrzehnten sichtbar verbessert, was auf staatliche Sozialleistungen und die Folgen der Emigration zurückzuführen ist. Fast ein Drittel der arbeitsfähigen männlichen Bevölkerung Süditaliens fand in den sechziger und siebziger Jahren im Norden Italiens und in Westeuropa Arbeit.

Die Mitte-links-Regierung, die nach den erdrutschartigen politischen Veränderungen (zwischen 1993 und 1996) eine Stabilisierung italienischer Politik bewirkte, leitete weit reichende staatliche Reformen ein. Dazu gehörten neben den Privatisierungsmaßnahmen insbesondere die Sanierung des Staatshaushaltes und der Abbau von Staatsverschuldung – Voraussetzungen für die Teilnahme an der Eurozone. Die Abhängigkeit des Südens von staatlichen Subventionen belastet aber immer noch den Staatshaushalt. Mafiose Strukturen in Politik, Wirtschaft und Gesellschaft blockieren hier nach wie vor innovative Kräfte.

fare la spesa *einkaufen*

comprare *kaufen*

il mercato *der Markt*

un chilo di *ein Kilo (von)*

la mela *der Apfel*

gustoso *schmackhaft, lecker*

il pomodoro *die Tomate*

un buon prezzo *ein guter Preis*

il negozio di alimentari *das Lebensmittelgeschäft*

32

un etto di *hundert Gramm von*

troppo caro *zu teuer*

economico *wirtschaftlich, billig*

un signore, che *ein Herr, der*

mi da *er gibt mir*

lo sconto *der Preisnachlass*

fare – machen

fatto *gemacht*
faccio *ich mache*
fai *du machst*
fa *er / sie macht, Sie machen*
facciamo *wir machen*
fate *ihr macht*
fanno *sie machen*

fare le vacanze *Urlaub machen*
fare la pizza *Pizza backen*
fare tardi *sich verspäten*
fare presto *schnell machen, sich beeilen*
fare lo stupido *den Dummen spielen*
si fa giorno *es wird Tag*

Im Überblick: regelmäßige Verben auf -are, -ere und -ire

Comprano due chili di mele. *Sie kaufen zwei Kilo Äpfel.*
Prendo due etti di salame. *Ich nehme 200 Gramm Salami.*
Parte per Venezia. *Er fährt ab nach Venedig.*

comprare *kaufen*
compr-**o** *ich kaufe*
compr-**i**
compr-**a**
compr-**iamo**
compr-**ate**
compr-**ano**
wie: chiamare, pagare, mangiare, arrivare, costare, cercare

prendere *nehmen*
prend-**o** *ich nehme*
prend-**i**
prend-**e**
prend-**iamo**
prend-**ete**
prend-**ono**
wie: vendere

Achtung: cerc- are, cerc-h-i ; pagare, pag-h-i
Bei einigen Verben muss vor den Endungen mit -i oder -**e** ein «h» eingeschoben werden, damit die Aussprache erhalten bleibt.

Gehen wir zum Markt

Facciamo la spesa!	Kaufen wir ein!
Che cosa si compra?	*Was kauft man ein?*
Un pò di tutto! Andiamo al mercato!	Von allem ein bisschen! Gehen wir zum Markt!
Quanto costa un chilo di mele?	Wie viel kostet ein Kilo Äpfel?
Due mila! Sono mele gustose!	*Zweitausend! Die Äpfel sind lecker!*
Costano tanto!	Sie kosten viel!
Prenda anche pomodori! Faccio un buon prezzo!	*Nehmen Sie auch Tomaten! Ich mache einen guten Preis!*
Va bene! Un chilo di mele e due chili di pomodori!	Also gut! Ein Kilo Äpfel und zwei Kilo Tomaten!
Adesso cerchiamo un negozio di alimentari!	Jetzt suchen wir ein Lebensmittelgeschäft.
Cosa compriamo?	*Was kaufen wir?*
Prendiamo due etti di salame e un pò di prosciutto crudo.	Wir nehmen 200 Gramm Salami und ein bißchen rohen Schinken.
Quanto costa un etto di prosciutto crudo?	Wie viel kosten 100 Gramm vom rohen Schinken?
Tre mila e otto!	*Dreitausendachthundert!*
Troppo caro!	Zu teuer!
Mi dispiace. Prenda il salame! Costa due mila e sette l'etto!	*Tut mir leid! Nehmen Sie Salami! 100 Gramm kosten zweitausendsiebenhundert!*
Al mercato faccio sempre una spesa economica. C'è un signore, che mi da lo sconto.	Auf dem Markt kaufe ich immer billig ein. Da ist ein Mann, der mir einen Preisnachlass gibt!
Non si fa sconto qua.	*Hier gibt man keinen Preisnachlass.*

1. Die richtige Antwort, a oder b?

34

1. Quanto costa un chilo di pomodori?
a La spesa si fa al mercato.
b Non lo so.

2. Cosa desidera?
a Un etto di salame.
b Comprare al mercato è economico.

3. Dove fai la spesa?
a Fare le vacanze è bello!
b Al negozio di alimentari.

4. Si fa lo sconto?
a No, qui non si fa.
b Si, è troppo caro!

2. Ergänzen Sie

1. (einkaufen) Ho fatto la .... al mercato.
2. (Kilo) Ho comprato un .... di pomodori.
3. (hat) Non ...... costato tanto.
4. (hat) Ti ....fatto lo sconto?

3. Nutzen Sie das Zauberwort «fare»

1. Wir beeilen uns.
2. Wir verspäten uns.
3. Ihr backt Pizza?
4. Ich habe Urlaub gemacht.

4. Verbessern Sie

1. Compro a mercato.
2. Mi da una etto di formaggio.
3. Abbiamo comprati una macchina.
4. Quanto costa due chili di mele?

si + Verb in der 3. Person = man

si fa	man macht
si mangia	man isst
si paga	man zahlt

Bereits bekannt:

si gira	man wendet sich
si va	man geht

Lo stile, der Geschmack

Guter Geschmack wird den Italienern nachgesagt. Und wer italienischen Lebensstil kennt, weiß, dass das auch zum Lebensziel werden kann. *Essere elegante*, elegant sein, dazu gehört nicht nur ein dunkelblauer Anzug oder ein gut sitzendes Kostüm, elegant sollte auch die Wohnungseinrichtung sein. Die Vorliebe für ausgefallenes Alltagsdesign, der Hang zum Dekorativen und Ornamentalen, aber auch gewagte Konstruktion und innovative Gestaltung zeichnen italienische Produkte aus.

Bis vor einigen Jahren war die Vorstellung davon, was man unter gutem Geschmack zu verstehen habe, allgemein verbindlich. Zwar folgte man der Mode, aber stets mit einer konservativen Distanz. *Avere un proprio look*, ein eigenes Aussehen haben, das ist jetzt erklärtes Ziel. Und wo die eigene Phantasie fehlt, helfen Modemacher, Journale und die Vitrinen von Boutiquen nach. Für jedes Alter und jeden Geschmack gibt es inzwischen Fachgeschäfte, die schließlich dafür sorgen, dass *il proprio look* zur Uniform wird.

Die fast kultische Verehrung von bestimmten Markennamen, besonders unter Jugendlichen, hat inzwischen zu einem blühenden Geschäft mit *falsificazioni*, täuschend echt wirkenden Imitationen, geführt. Rund um Neapel soll das Zentrum dieser Produktion liegen. In kleinen Fabriken oder in Heimarbeit werden da Taschen von Fendi, Pullover von Krizia und Jacketts von Armani produziert. Und wer Lust auf Krokodil hat, der kann seinen Zoo billigst anreichern.

Immer nützlich: Modalverben!

wollen **volere**	**potere** können
voglio	**posso**
vuoi	**puoi**
vuole	**può**
vogliamo	**possiamo**
volete	**potete**
vogliono	**possono**

possiamo vedere?	*können wir sehen?*
possono arrivare	*sie können ankommen*
volete prendere	*ihr wollt nehmen*
vuoi mangiare?	*willst du essen?*

il negozio d'abbigliamento *das Geschäft für Oberbekleidung*

nuovo *neu*

il vestito *das Kleid, der Anzug*

cercare *suchen*

la gonna *der Rock*

blu *blau*

la misura *die Größe*

giusto *richtig, passend*

stretta *eng*

provare *(an)probieren*

la camicia *das Hemd*

verde *grün*

largo *groß*

vedere *sehen*

la borsa *die Tasche*

nera *schwarz*

questo/a *dieser / diese*

quello/a *jener / jene*

di cuoio *aus Leder*

certamente *sicher, natürlich*

Partizipien – gut zu gebrauchen auch als Eigenschaftswörter

la gonna cercata	der gesuchte Rock
i pantaloni provati	die (an)probierte Hose (Mehrzahl, aber Bedeutung Einzahl)
la borsa vista	die gesehene Tasche
le macchine comprate	die gekauften Autos
i pomodori presi	die (mit)genommenen Tomaten

questo/quel prezzo	dieser/jener Preis
questa/quella borsa	diese/jene Tasche
questi/quei vini	diese/jene Weine
queste/quelle gonne	diese/jene Röcke

questo/a – quel/lo, quel/la wird behandelt wie ein Eigenschaftswort auf -o und steht vor dem Substantiv.

Beim Kleiderkauf

Andiamo al negozio di abbigliamento!	Gehen wir in ein Bekleidungsgeschäft!
Si, vorrei comprare anch'io un nuovo vestito.	*Ja, auch ich möchte mir ein neues Kleid kaufen.*
Cerco una gonna blu.	Ich suche einen blauen Rock!
Va bene, andiamo!	*Gut so, gehen wir!*
La misura è giusta?	Ist die Größe richtig?
No, mi è troppo stretta!	*Nein. Es ist mir zu eng!*
Forse questa misura. È un 48!	Vielleicht diese Größe. Es ist 48!
Bene, provo.	*Gut, ich probiere.*
La camicia verde è troppo larga.	Das grüne Hemd ist zu groß.
Qui c'è una camicia più piccola, ma è bianca!	*Hier ist ein kleineres Hemd, aber es ist weiß!*
Vediamo!	Sehen wir mal!
Vorrei vedere la borsa nera!	Ich würde gerne die schwarze Tasche sehen.
Questa a destra in vetrina?	*Diese rechts in der Auslage?*
No, quella nera all'angolo.	Nein, jene schwarze in der Ecke.
È di cuoio?	Ist sie aus Leder?
Certamente	*Klar doch!*

Kleidergrößen

Um die für Sie passende Konfektionsgröße zu errechnen, zählen Sie zu Ihrer deutschen Größe 4 Punkte hinzu:

deutsch 40 – italienisch 44

1. Die richtige Antwort

1. Dov'è un negozio di abbigliamento?
   a Il negozio di alimentari è qua vicino.
   b In piazza Venezia c'è un negozio di abbigliamento.
2. Ti piace la borsa rossa di cuoio?
   a Non mi piace tanto, è troppo grande.
   b La camicia verde è stretta.
3. La misura è giusta?
   a No, i pantaloni sono piccoli.
   b Si, la borsa in vetrina mi piace.
4. Cerchi una gonna nera?
   a Si, il vestito ti sta bene.
   b No, voglio comprare una gonna blu.

2. Was sagen Sie, wenn

1. Sie dieses grüne Kleid in der Auslage sehen möchten?
   a Voglio provare la camicia verde.
   b Vorrei vedere questo vestito verde in vetrina.
2. Ihnen die Hosen zu eng sind und Sie größere probieren wollen?
   a I pantaloni sono troppo stretti, posso provare una misura più grande?
   b Questi pantaloni non sono buoni. Voglio una gonna.
3. Sie nicht die schwarze Tasche, sondern eine blaue sehen wollen?
   a La borsa nera non mi piace. Posso avere la borsa verde?
   b Grazie, non voglio vedere la borsa nera, vorrei vedere la borsa blu.

3. Verbessern Sie

1. A vetrina c'è una camicia verde, che mi piace.
2. Vole provare il vestito rossa?
3. Le borse visti in vetrina non ci sono più.
4. Le gonna comprate sono belle.
5. Ho comprato questo pantalono al mercato.

Aperto o chiuso? – Geöffnet oder geschlossen?

I negozi – die Geschäfte sind in der Regel von 9 bis 13 Uhr und von 15.30 (16) bis 19.30 (20.30) geöffnet; manche auch durchgehend von 9 bis 20 Uhr. Sonntags und einmal pro Woche halbtags ist geschlossen. In ländlichen Gegenden erweitern sich Bars vielfach zu Lebensmittelgeschäften und bieten so längere Einkaufsmöglichkeiten.

Il cambio – Geldwechseln: Italienische Banken sind von 8.35 bis 13.35 und von 15 bis 16 Uhr, Wechselstuben durchgehend geöffnet. Inzwischen gibt es in Norditalien eine recht dichtes Netz von Bankautomaten, wo man sich Geld ziehen und ausländische Banknoten wechseln kann.

Banconote e cheque – Banknoten und Schecks: Banken und Wechselstuben akzeptieren sowohl deutsche Banknoten wie Euro- und Reiseschecks in allen gebräuchlichen Währungen. Zum Geldwechsel ist die Vorlage eines Personalausweises oder eines Reisepasses erforderlich. Wechselstuben bieten zumeist schlechtere Kurse und verlangen im Vergleich zu Banken überhöhte Wechselgebühren.

La posta – die Post: Zwischen 8.30 und 14 Uhr geöffnet, samstags und am letzten Tag des Monats ist geschlossen. Briefmarken erhält man in Italien nicht nur bei der Post, sondern auch in Bars und Tabakläden, die ein Schild mit dem Buchstaben «*T*» und mit der Aufschrift *Sali, tabacchi e valori bollati* (Salz, Tabak, Wertmarken – deren Verkauf monopolisierte früher der Staat) zeigen. Wichtige oder eilige Briefsendungen sollten als *raccomandata* (per Einschreiben) oder *espresso* (mit Eilpost) versandt werden.

Musei e zone archeologiche – Museen und archäologische Stätten der touristischen Zentren sollen in ihren Öffnungszeiten dem internationalen Standard angepasst werden, also möglichst durchgehend tagsüber geöffnet sein. Solange dieser Anspruch noch nicht verwirklicht ist, sollte man sich an folgende Faustregeln für Öffnungszeiten halten: Montags ist geschlossen, sonntags am Vormittag geöffnet, werktags wird häufig eine Mittagspause eingelegt.

Die Wochentage

lunedì	*Montag*	**giovedì**	*Donnerstag*
martedì	*Dienstag*	**venerdì**	*Freitag*
mercoledì	*Mittwoch*	**sabato**	*Samstag*
domenica	*Sonntag*		

Am Mittwoch fahren wir ab. – **Il mercoledì partiamo.**

Heute ist Mittwoch. – **Oggi è mercoledì.**

... dalle (ore) 3 alle (ore) 4 – *... von 3 (Uhr) bis 4 (Uhr)*

aprire *öffnen*

la banca *die Bank*

domani *morgen*

oggi *heute*

restare *bleiben*

chiuso *geschlossen*

cambiare dei soldi
Geld tauschen

il cambio favorevole
günstiger Umtausch(kurs)

però *aber, allerdings*

fare presto *sich beeilen*

chiudere *schließen*

pagare *zahlen*

la carta di credito
die Kreditkarte

volentieri *gerne*

lo cheque *der Scheck*

in contanti *in bar*

la banconota *die Banknote*

servire *nützen, dienen*

la ricevuta *die Quittung*

Zweimal brauchen

ho bisogno di
ich brauche

mi serve
ich brauche

Besonderer Plural

la banca – **le banche**
bianco/a – bianchi/e

Bei **i**- und -**e** im Plural wird nach dem **c** ein «**h**» eingeschoben, damit die Aussprache («banc-») erhalten bleibt

Die Monate

gennaio *Januar*	**aprile** *April*	**luglio** *Juli*	**ottobre** *Oktober*
febbraio *Februar*	**maggio** *Mai*	**agosto** *August*	**novembre** *November*
marzo *März*	**giugno** *Juni*	**settembre** *September*	**dicembre** *Dezember*

Banken & Co.

Quando apre la banca? Wann öffnet die Bank?
Domani mattina alle otto e mezza. *Morgen früh um 8.30 Uhr.*
Oggi pomeriggio non apre? Heute Nachmittag öffnet sie nicht?
No, il pomeriggio resta chiusa. *Nein, am Nachmittag bleibt sie geschlossen.*

Vorrei cambiare dei soldi. Ich möchte Geld wechseln.
Dove fanno il cambio favorevole? Wo gibt es einen günstigen Umtausch(kurs)?

Alla banca, però fai presto, la banca chiude a mezzogiorno e mezza. *In der Bank, mach aber schnell, die Bank schließt um 12.30 Uhr.*

Posso pagare con la carta di credito? Kann ich mit einer Kreditkarte zahlen?
Si, volentieri! Si accetta anche uno cheque. *Ja, selbstverständlich! Auch ein Scheck wird angenommen.*
Ahh, un momento! Preferisco pagare in contanti, in monete e banconote. Ah, einen Augenblick! Ich zahle lieber in bar, in Münzen und Scheinen.
Va bene, cosi può anche avere lo sconto di venti mila. *Gut so, so können Sie auch einen Preisnachlass von 20 000 Lira haben.*
Mi serve anche la ricevuta. Ich brauche auch die Quittung!

la ricevuta oder lo scontrino – die Quittung oder der Kassenbeleg

Jeder Kunde ist verpflichtet, nach einem Kauf den Kassenzettel oder die Quittung aufzubewahren, um so dokumentieren zu können, dass die Ware nicht am Finanzamt vorbei über den Ladentisch ging.
Andernfalls sind für Käufer und Verkäufer recht saftige Strafgebühren vorgesehen!

1. Lösen Sie den Bandwurm

1. Preferiscopagareconmoneteebanconote.
2. Labancamifauncambiofavorevole.
3. Sipuòanchepagareconlacartadicredito.

2. Der Wochentag danach

1. la domenica ......So......
2. il sabato ......Sa......
3. il mercoledì ......Mi......
4. il lunedì ......Mo......
5. il giovedì ......Do......
6. il martedì ......Dic......
7. il venerdì ......Fr......

3. Die richtige Übersetzung?

1. Wo kann man günstig Geld tauschen?
   a Dove si può avere un cambio favorevole?
   b Dov'è la banca che apre di pomeriggio?
2. Es ist günstig, in Bargeld zu zahlen.
   a Si può pagare con lo cheque.
   b È favorevole pagare in contanti.
3. Am Mittwoch gehen wir Geld tauschen.
   a Giovedì andiamo alla banca.
   b Mercoledì andiamo a cambiare i soldi.
4. Heute ist die Bank geschlossen. Morgen können wir wechseln.
   a Domani, quando apre la banca, facciamo il cambio.
   b Oggi la banca è chiusa. Domani possiamo fare il cambio.

4. Was gehört nicht rein?

1. il cambio – la moneta – i contanti – giusto – le banconote
2. pagare – costare – cambiare –favorevole – aprire
3. sconto – pagato – visto – provato – cambiato

Einkaufen

Markt
il mercato

Apfel
la mela

Tomate
il pomodoro

ein Kilo (von)
un chilo di

100 g von
un etto di

Lebensmittel-geschäft
il negozio di alimentari

Oberbekleidungsgeschäft
il negozio di abbigliamento

Kleid, Anzug
il vestito

Rock
la gonna

Hemd
la camicia

Hose
i pantaloni

Tasche
la borsa

Größe
la misura

ein guter Preis
un buon prezzo

Preisnachlass
lo sconto

Schaufenster
la vetrina

aus Leder
di cuoio

Eigenschaftswörter

schmackhaft
gustoso

billig
economico

zu teuer
troppo caro

neu
nuovo

richtig
giusto

eng
stretto

groß
largo

geschlossen
chiuso

günstig
favorevole

blau
blù

grün
verde

schwarz
nero

Rund ums Geld

Bank
la banca

Geld
i soldi

Umtausch
il cambio

Scheck
lo cheque

in bar
in contanti

Kreditkarte
la carta di credito

Münzgeld
la moneta

Banknote
la banconota

Quittung
la ricevuta

Verben

einkaufen
comprare

geben
dare

probieren
provare

sehen
vedere

öffnen
aprire

schließen
chiudere

wechseln
cambiare

sich beeilen
fare presto

zahlen
pagare

nützen
servire

bleiben
restare

Kleine Wörter

dieser / diese
questo/a

jener / jene
quello/a

sicher
certamente

aber, allerdings
però

gern
volentieri

heute
oggi

morgen
domani

Augenblick
il momento

Post und Telefon

Adresse	l'indirizzo
Brief	la lettera
Briefkasten	la buca della lettera
Briefmarken	i francobolli
Eilbote	l'espresso
Einschreibebrief	la raccomandata
Luftpost	la posta aerea
Postkarte	la cartolina
postlagernd	fermo posta
Telefon	il telefono
Telegramm	il telegramma
Absender	il mittente
Postleitzahl	il numero di codice
Telefonmünze	il gettone
Telefonbuch	l'elenco telefonico
anrufen	chiamare
Vorwahl	il prefisso

Telefon für Ortsgespräche	**il telefono urbano**
Telefon für Ferngespräche	**il telefono interurbano**

Hallo! Mit wem spreche ich?	**Pronto, con chi parlo?**

Die Aufschrift **Teleselezione** auf Telefonzellen bedeutet, dass automatische Vermittlung möglich ist.

Pagine Gialle – Gelbe Seiten, so heißt das Branchentelefonbuch in Italien.

Wie viel kostet ein Brief nach Deutschland?
Quanto costa una lettera per la Germania?

Zwei Briefmarken zu 200 Lire, bitte.
Due francobolli da duecento lire per favore.

1. Hätten Sie's gewusst?

1. «Schattenwirtschaft» ist
a der Weg aus der Wirtschaftskrise.
b die italienische Variante der Schwarzarbeit.
c eine neue liberalistische Wirtschaftstheorie.

2. «Saldi» ist
a ein Fußballclub im Veneto.
b saisonbedingte Schlussverkäufe.
c ein neuer Fernsehsender.

3. «Falsificazioni» sind
a letzter Modeschrei aus Mailand.
b politische Winkelzüge zur Machterhaltung.
c täuschend echte Imitationen von Markenartikeln.

4. «Il proprio stile» ist
a ein Magenbitter.
b der Versuch, einen eigenen Modestil zu entwickeln.
c eine ausgefallene Kochanleitung für die «pasta».

2. Die richtige Antwort?

1. La spesa economica dove si fa?
a Al mercato.
b Al centro.
c Al negozio di abbigliamento.

2. Dove si fa il cambio favorevole?
a All'aeroporto.
b In banca.
c Al mercato.

3. Quando si fa lo sconto?
a Quando si vuole vendere.
b Di mattina.
c Solo domenica.

3. Ergänzen Sie

1. Oggi è giovedì, domani è ....
2. Le banche sono aperte dalle tre .... quattro.
3. Al mercato compro sempre le mele ....
4. Pagare in contanti .... favorevole.
5. Non si può sempre .... con lo cheque.
6. Al negozio di alimentari hai .... il formaggio.

4. Was sagen Sie, wenn ...

1. der Rock zu eng ist?
   a La camicia e troppo larga.
   b La gonna mi piace.
   c La gonna è troppo stretta.

2. der rohe Schinken zu teuer ist?
   a Prendo ancora un pò.
   b Lo sconto non si fa.
   c È troppo caro.

3. Sie nicht mit einem Scheck zahlen können?
   a Posso pagare con la carta di credito?
   b Mi dispiace.
   c Non ho monete.

4. Sie die weiße Hose anprobieren wollen?
   a Vorrei vedere la borsa in vetrina.
   b Posso comprare questi pantaloni?
   c Posso provare, per favore, i pantaloni bianchi?

5. Übersetzen Sie ...

1. Wo kann ich günstig Geld wechseln?
2. Wie viel kostet die schwarze Tasche?
3. Kann ich das weiße Kleid anprobieren?
4. Kann ich mit der Kreditkarte zahlen?
5. Wann öffnet das Lebensmittelgeschäft?

6. Falsch (f) oder richtig (r)?

	f	r
1. Al mercato si può comprare il vestito.	☐	☐
2. La domenica le banche sono chiuse.	☐	☐
3. In Italia i prezzi non sono favorevoli.	☐	☐
4. Vendere e comprare è sempre un bello spettacolo.	☐	☐
5. Essere sempre elegante costa caro.	☐	☐
6. In Italia ci sono ancora tanti mercati.	☐	☐

Das kann beruhigt sagen, wer kleine oder große Unwägbarkeiten des Lebens bewältigt hat. Folgt man den alljährlich im Sommer wiederkehrenden Schreckensmeldungen über das, was Reisenden in Italien widerfährt, so wird das Vorurteil geschürt, dass besonders dort die Gefahr lauert. Tatsächlich ist das Risiko nicht größer als zu Hause, wenn man entsprechend Vorsorge trifft. Die Verbrechensquote in Italien ist nicht viel höher als in anderen europäischen Ländern. Und Touristen werden vielfach deswegen Opfer, weil sie bestimmte Vorsichtsmaßnahmen missachten.

Die wirkliche Bedrohung des öffentlichen Lebens in Italien geht von der Allianz zwischen organisiertem Verbrechen und Politik aus. Direkt betrifft das die Reisenden in der Regel nicht. Wer jedoch offenen Auges über die Halbinsel reist, kann sehen, welche Spuren die Firma *mafia e politica* hinterlassen hat. Die systematische Zerstörung der kulturhistorisch bedeutsamen Städte Palermo und Neapel gehört genauso dazu wie der ökologische und soziale Ruin des Südens.

Der erfolglosen Industrialisierungspolitik der sechziger Jahre sind einige der schönsten Küsten des Südens geopfert worden. Landflucht und Emigration beschleunigten die Zerstörung von Anbauflächen. Milliarden hat der Staat für die Entwicklung des Südens ausgegeben. Das nährte die Mentalität des *clientelismo* (Vetternwirtschaft) und *assistenzialismo* (Abhängigkeit von staatlichen Unterstützungsleistungen). Wo fast jeder Dritte ohne Arbeit ist, treten Mafia (Sizilien), Camorra (Neapel) und 'Ndrangheta (Calabrien) als Brotgeber auf den Plan.

Das organisierte Verbrechen ist längst keine rein süditalienische Angelegenheit mehr. Die Mafia baute seit den siebziger Jahren systematisch ihre internationalen Verbindungen, vor allem zu den südamerikanischen Drogenkartellen, aus. Die Anfang der neunziger Jahre aufgedeckten großen Bestechungsaffären beweisen, dass die enge Verbindung zwischen hoher Politik und organisiertem Verbrechen sich nicht auf Süditalien beschränkt. Wohl hat der politische Machtverlust der Christdemokraten und Sozialisten Anfang der neunziger Jahre auch eine Schwächung der Exponenten der

Fatto!

Geschafft!

organisierten Kriminalität bewirkt. Gegen führende Politiker der alten Regierungsparteien wurde in den letzten Jahren mehr oder weniger erfolgreich Anklage wegen Korruption oder Beziehungen zur Mafia erhoben. Es deutet aber inzwischen vieles darauf hin, dass es neue Allianzen zwischen organisierter Kriminalität und Teilen der Politik gibt.

Neue politische Bewegungen und Bündnisse, engagierte Kräfte im Justiz- und Polizeiapparat bewirkten Mitte der neunziger Jahre trotz erheblicher Widerstände bisheriger Machteliten eine Erneuerung des politischen Systems.

1996 signalisierte der überraschende Wahlerfolg einer Mitte-links-Regierung, dass die «blockierte Demokratie» Italiens in Bewegung geraten ist. Das ist vor allem der Innovationskraft der italienischen Linken zuzuschreiben, die in ihrer Mehrheit inzwischen einen sozialdemokratischen Zuschnitt gewonnen hat. Andererseits stellte aber auch die bürgerliche Mitte ihre demokratische und rechtsstaatliche Orientierung in der Sammlungsbewegung L'Ulivo unter Beweis. Sie grenzte sich damit erfolgreich von rechts gerichteten Kräften ab, die 1994 vorübergehend für einen Wahlerfolg der rechten Allianz von Forza Italia, den Neofaschisten und der Lega Nord sorgten.

Berlusconis «virtuelle» Partei – Forza Italia wurde Ende 1993 wie ein Unternehmen geplant und innerhalb weniger Monate aufgebaut wird – von Kritikern als Interessenvertretung alter Machteliten verstanden. Berlusconis steile Karriere als Medienmogul federten die Protagonisten des korrupten alten Systems ab. Prozesse, in denen es um seine Beteiligung an dubiosen Machenschaften geht, konnten bisher erfolgreich blockiert werden. Etwa ein Drittel der abgegebenen Wählerstimmen entfallen heute auf Berlusconis Partei.

Die norditalienische Regionalpartei Lega Nord, die den Systemwandel in der italienischen Politik Anfang der neunziger Jahre ganz wesentlich beeinflusste, scheint im neuen «Bipolarismus» von Links und Rechts zunehmend an Bedeutung zu verlieren. Die Reformkräfte von Mitte-Links haben eine schwierige Aufgabe: Die Firma «Italia» ist zu modernisieren, das bedeutet in erster Linie Privatisierung, Abbau von Bürokratie, «schlanker Staat», Stärkung der Selbstverantwortung und Einschränkung staatlicher Subventionen. Der Populismus von Rechts eint die «Modernisierungsverlierer» in der Opposition, bietet aber keine überzeugenden politischen Alternativen.

depositare *(ab)legen, zurücklegen*

i miei *meine*

i documenti *die Dokumente*

la cassaforte *der Tresor*

si trova *man findet*

il parcheggio *der Parkplatz*

custodito *bewacht*

proprio dietro *direkt dahinter*

la precedenza *die Vorfahrt*

superare *überschreiten*

il limite di velocità *Geschwindigkeitshöchstgrenze*

la polizia *die Polizei*

l'assicurazione *die Versicherung*

la copia *die Kopie*

il verbale *das Protokoll*

perchè? *warum?*

l'attimo *der Augenblick*

alcuni dati *einige Daten*

il testimone *der Zeuge*

l'incidente *der Unfall*

Flüssige Verbindungen

Italiener mögen's elegant, auch beim Sprechen. Deswegen werden bestimmte Verbindungen – weil flüssiger zu sprechen und auch besser im Klang – zusammengezogen:

***nella* cassaforte** im Tresor
***nel* pomeriggio** am Nachmittag
***nello* zucchero** im Zucker

in + il	**nel**	in+ lo	**nello**
in + i	**nei**	in+la	**nella**
in + l'	**nell'**	in+le	**nelle**
in + gli	**negli**		

i voli *della* Germania die Flüge aus Deutschland
le borse *degli* studenti die Taschen der Studenten

di + il	**del**	di + l'	**dell'**
di + i	**dei**	di + la	**della**
di + lo	**dello**	di + le	**delle**
di + gli	**degli**		

Auch: **La borsa di Claudia mi piace.**
di + Hauptwort gibt an, wozu beziehungsweise wem etwas gehört.

Wichtige Papiere

Avete una cassaforte?	Haben Sie einen Tresor?
Si, certamente. Che cosa vuole depositare?	*Ja, aber sicher. Was möchten Sie deponieren?*
I miei documenti.	Meine Ausweise.
Prego.	*Bitte.*
Grazie. Dove si trova un parcheggio custodito?	Danke. Wo gibt es einen bewachten Parkplatz?
Proprio dietro l'hotel.	*Direkt hinter dem Hotel.*
Ho avuto io la precedenza!	Ich hatte die Vorfahrt!
Può darsi! Però Lei ha superato il limite di velocità!	*Das mag sein. Aber Sie haben die Geschwindigkeitsbegrenzung überschritten.*
Ma la precedenza era mia. Chiamiamo la polizia!	Aber ich hatte die Vorfahrt. Rufen wir die Polizei.
Va bene, chiamiamo la polizia.	*Gut, rufen wir die Polizei.*
Mi serve una copia del verbale.	Ich brauche eine Kopie des Protokolls.
Perchè?	*Warum?*
Per la mia assicurazione.	Für meine Versicherung.
Un attimo, mancano solo alcuni dati.	*Einen Augenblick. Es fehlen nur noch einige Daten.*
Quali dati?	Welche Daten?
I dati dei testimoni dell'incidente.	*Die Daten der Unfallzeugen.*

Besitzanzeigendes Fürwort

il mio **documento –** ***i miei*** **documenti**

la mia **borsa –** ***le mie*** **borse**

Das besitzanzeigende Fürwort wird wie ein Eigenschaftswort benutzt, das sich an das folgende Hauptwort anpassen muss.

il mio	*mein/e*	**i nostri**	*unsere*	**le sue**	*seine/ihre*
i miei	*meine*	**il vostro**	*euer/eure*	**la Sua**	*ihr/e*
il tuo	*dein/e*	**i vostri**	*eure*	**le Sue**	*Ihre*
i tuoi	*deine*	**il loro**	*ihr/e*	**la nostra**	*unser/e*
il suo	*sein/e*	**i loro**	*ihre*	**le nostre**	*unsere*
	ihr/e	**la mia**	*mein/e*	**la vostra**	*euer/*
i suoi	*seine*	**le mie**	*meine*		*eure*
il Suo	*Ihr/e*	**la tua**	*dein/e*	**le vostre**	*eure*
i Suoi	*Ihre*	**le tue**	*deine*	**la loro**	*ihr/e*
il nostro	*unser/e*	**la sua**	*sein/e – ihr/e*	**le loro**	*ihre*

Loro bleibt immer unverändert.

1. *Wie sagen Sie's auf Italienisch?*

43

1. Sie wollen wissen, wo ein bewachter Parkplatz ist.
a Scusi, dove si trova un parcheggio custodito?
b Scusi, dove si può parcheggiare l'auto?

2. Sie wollen die Versicherungsnummer des Unfallpartners wissen.
a Mi telefoni per l'assicurazione!
b Il Suo numero di assicurazione, per favore!

3. Sie wollen Geld und Dokumente in den Tresor legen.
a Posso depositare i miei soldi e i miei documenti nella cassaforte?
b Prendo i miei soldi e miei documenti.

2. Richtig eingesetzt?

1. Le .... chiavi sono .... borsa. (nostro) (in + Artikel)
2. I .... soldi sono depositati .... cassaforte. (loro; in + Art.)
3. La .... assicurazione costa tanto. (tuo)
4. Le .... macchine sono nel parcheggio. (vostro)
5. Il .... nome è Claudio Belcanto. (mio)
6. Il .... nome e Donatella Bianchi. (mio)
7. Il parcheggio .... trattoria è custodito. (di + Artikel)
8. I testimoni .... incidente sono qui. (di + Artikel)

3. *Richtig (r) oder falsch (f)?*

	r	f
1. Il verbale della polizia non serve.	☐	☐
2. Dopo un incidente non si chiama la polizia.	☐	☐
3. Si depositano i soldi e documenti nella cassaforte.	☐	☐
4. Il numero dell'assicurazione può mancare.	☐	☐
5. Non si portano tanti soldi nella borsa.	☐	☐

4. *Lösen Sie den Bandwurm*

1. Mancanoancoralevostrefirme.
2. Abbiamodepositatoisoldinellacassaforte.
3. Lasuamacchinaènelparcheggiocustodito.

Sicurezza – Sicherheit

Was Sie selbst dazu beitragen können: Ihre Wertgegenstände und Fotoausrüstung sollten Sie stets gut im Auge haben. Die Reisekasse gehört in *la cassaforte*, den Hotelsafe. Das Auto sollte möglichst auf *il parcheggio custodito*, dem bewachten Parkplatz, abgestellt werden.

Wer sein Autoradio oder persönliche Habe nachts im Auto lässt, handelt fahrlässig. Wer unbesorgt durch die pittoreske Altstadt Neapels oder Palermos schlendern will, sollte Geld und Ausweise am Körper tragen.

Die *vigili urbani* und die *polizia stradale* sind für die Regelung des Straßenverkehrs zuständig. Bei Parksünden, Verstößen gegen die Geschwindigkeitsbestimmungen oder gegen die öffentliche Ordnung treten diese Sicherheitskräfte auf den Plan.

Die *carabinieri* übernehmen schutzpolizeiliche Aufgaben. Mit ihren kugelsicheren Westen und den Maschinengewehren im Anschlag wirken sie recht martialisch.

Bestehen Sie darauf, dass bei einem Straßenverkehrsunfall, bei Diebstahl oder sonstigen Schäden ein detailliertes Protokoll erstellt wird. Nur so können die Ersatzansprüche gegenüber der Versicherungsgesellschaft gewahrt werden.

Sollten Sie das Gefühl haben, bei einer Rechnung übers Ohr gehauen zu werden, drohen Sie ruhig mit *la polizia per i turisti*, der Touristenpolizei. Sie unterhält in jeder größeren Stadt eine eigene Abteilung und ist über die allgemeine Polizeinummer zu erreichen.

Bei einem ernsthaften Konflikt mit den *carabinieri* empfiehlt es sich, konsularischen Rechtsbeistand zu verlangen.

fare male *wehtun*

la testa *der Kopf*

credere *glauben*

l'influenza *die Erkältung*

la febbre *das Fieber*

la gola *der Hals*

vado *ich gehe*

la farmacia *die Apotheke*

l'aspirina *das Aspirin*

la pastiglia *das Lutschbonbon*

contro *gegen*

il mal di gola *die Halsschmerzen*

il dolore *der Schmerz*

cosa *(et)was*

il braccio *der Arm*

il piede *der Fuß*

l'ambulanza *der Krankenwagen*

presto *schnell*

Notrufnummern

ADAC-Notrufzentrale München, rund um die Uhr besetzt,
Telefon aus Italien: **0049/89/22 22 22**

Einheitliche Rufnummern für ganz Italien:

113 **Pronto Soccorso** (Polizei und Rettungsdienst)
116 **Soccorso Stradale** (Autohilfsdienst des ACI)

Deutschsprachiger Notrufdienst:

Telefon in **Roma: 4 95 47 30**
Telefon in **Padua: 66 16 51**

Dativpronomen

mi	*mir*	**ti**	*dir*	**gli**	*ihm*	**le**	*ihr*	**Le**	*Ihnen*
ci	*uns*	**vi**	*euch / Ihnen*			**gli**	*ihnen*		

Le do il documento. Ich gebe Ihnen das Dokument.
Mi dispiace. Es tut mir Leid.
Che cosa ti fa male? Was tut dir weh?
Come vi aiuto? Wie helfe ich euch?

Schmerzen

Mi fà male la testa.	Ich habe Kopfschmerzen.
Che cosa hai?	*Was hast du?*
Credo di avere l'influenza.	Ich glaube, ich habe eine Erkältung.
Hai la febbre?	*Hast du Fieber?*
No, ma anche la gola mi fa male.	Nein, aber auch der Hals tut mir weh.
Vado in farmacia e ti compro aspirine e pastiglie contro il mal di gola.	*Ich gehe in die Apotheke und kaufe dir Aspirin und Lutschtabletten gegen Halsweh.*
Ahi, ahi, che dolori!	Oooh, ooh, was für Schmerzen!
Cosa Le fa male?	*Was tut Ihnen weh?*
Il braccio e anche il piede! Ahi, ahi!	Der Fuß und auch der Arm, Ooh! Oooh!
Chiamiamo un'ambulanza?	*Rufen wir den Krankenwagen!*
Si, presto, per favore!	Ja, schnell, bitte!

Gut zu wissen

ho preso	ich habe
scottatura solare	Sonnenbrand
l'attacco cardiaco	Herzanfall
i dolori al cuore	Herzschmerzen
la cattiva digestione	schlechte Verdauung
il mal di stomaco	Bauchschmerzen
il mal di dente	Zahnweh
la frattura	Bruch
l'allergia	Allergie

il pronto soccorso – erste Hilfe

1. Erste Hilfe – Station im Krankenhaus, wo kleinere Verletzungen direkt, ohne stationäre Aufnahme, behandelt werden.

2. Erste Hilfe – Einsatz mit dem Krankenwagen

Zentrale Rufnummer: 113

1. Wie sagen Sie's auf Italienisch?

46

1. Ihnen tut der Hals weh. Sie möchten sich Lutschtabletten kaufen.
a Mi fa male la testa. Vorrei un'aspirina.
b Ho mal di gola. Vorrei comprare delle pastiglie contro il mal di gola.
2. Sie fragen, wo Sie hier in der Nähe einen Arzt finden können.
a Dove si può trovare un medico qua vicino?
b Dov'è una farmacia?
3. Sie wollen die Telefonnummer für die erste Hilfe wissen.
a Dov'è il pronto soccorso?
b Com'è il numero telefonico del pronto soccorso?

2. Richtig einsetzen

1. Mi fa male .... (Kopf).
2. Mi fa male .... (Fuß).
3. Ho il mal di .... (Bauch).
4. Ho mal di .... (Kopf).
5. Ho dolori al .... (Herz).

3. Was fehlt?

1. Che cosa .... fa male? (voi)
2. Dove .... sei fatto male? (tu)
3. .... fa male il cuore. (io)
4. .... compro un'aspirina. (lui)
5. .... fanno male le gambe. (Lei)

4. Richtig übersetzt?

1. Mi fa male il dente.
a Ich habe Halsweh.
b Ich habe Zahnschmerzen.
2. Ti ho comprato le pastiglie.
a Du hast dir Lutschtabletten gekauft.
b Ich habe dir die Lutschtabletten gekauft.
3. Si sono fatti male alle gambe.
a Die Füße tun ihnen weh.
b Sie haben sich an den Füßen wehgetan.

Alla salute – Auf die Gesundheit!

So prostet man sich auf Italienisch zu. Und sollte mal das Wünschen nichts nützen, kann man leicht nachhelfen. In der *farmacia* gibt es viele Medikamente gegen leichtere Erkrankungen rezeptfrei. Dort findet man auch erste Hilfe bei kleineren Unfällen. Sofern ein Arzt aufgesucht werden muss, kann man hier auch entsprechende Hinweise erhalten. Der internationale Krankenschein, der von den deutschen Krankenkassen ausgestellt wird, garantiert auch kostenlose medizinische Behandlung in Italien. Er ist der örtlichen Gesundheitsbehörde *Unità Sanitaria Locale* vorzulegen. Diese stellt dann einen Krankenschein sowie Rezeptformulare aus. Italienische Praxen haben in der Regel nicht den Ausstattungsstandard deutscher Ärzte. Das spricht aber noch lange nicht gegen die Fähigkeiten italienischer Fachkräfte. Häufig verlangen italienische Ärzte für ihre Dienstleistungen Bargeld. In diesem Falle sollten Sie sich eine möglichst detaillierte Rechnung aufstellen lassen, damit die deutschen Krankenkassen alle Kosten erstatten.

Grazie per l'aiuto! – Danke für die Hilfe!

Wer schon einmal in eine Notlage geraten ist, weiß, wie wichtig die spontane Hilfeleistung ist. Gastfreundschaft und Hilfsbereitschaft zeichnen gerade die Menschen in Süditalien aus. Und dort, wo groß angelegte Hilfsaktionen nötig werden, zeigt sich immer wieder, wie groß *il volontariato*, die private Hilfsbereitschaft, ist. Während die Zentren des Massentourismus mit professionellen Helfern (ärztlicher Notdienst, Erste-Hilfe-Stationen, Ambulanzen) gut ausgestattet sind, muss man sich im Hinterland öfter auf freiwillige Hilfeleistungen verlassen. Natürlich gibt es auch in Italien die Notrufsäulen entlang der Autobahn. Sobald man aber abfährt, ist man im Falle einer Panne oder eines Unfalls auf die übrigen Verkehrsteilnehmer angewiesen. *Arrangiarsi*, zurechtkommen mit den Widrigkeiten des Lebens, diese Kunst beherrscht man in Italien perfekt. Das hängt auch damit zusammen, dass dort, wo der Staat nicht so funktioniert, wie es sein sollte, die Menschen mit viel Phantasie und Energie eigene Lösungen suchen. Damit verbindet sich einerseits eine starke solidarische Bindung untereinander und andererseits ein Misstrauen gegenüber staatlichem Reglement. *Un santo in paradiso*, den Schutzheiligen im Paradies, wünscht sich jeder. Und der öffentliche Dienst in Italien scheint aus vielen Schutzheiligen zu bestehen, die ihrer Klientel *favori*, Gefallen, erweisen. Dass dabei hin und wieder *la mazzetta*, ein Geldbündel, den Besitzer wechselt, schien bisher fast selbstverständlich. Doch mit dieser Bestechungspraxis soll jetzt ganz entschieden aufgeräumt werden, das jedenfalls machen sich die Bürgerrechtsbewegungen zum Ziel.

non va *geht nicht*

funzionare *funktionieren*

darle una mano
Ihnen eine Hand geben, helfen

dare *geben*

il passaggio
die Mitfahrgelegenheit

fino *bis*

l'officina *die Werkstatt*

l'aiuto *die Hilfe*

niente *nichts*

perdere *verlieren*

perso *verloren*

la patente *der Führerschein*

rivolgersi *sich wenden an*

la questura *das Polizeipräsidium*

perchè: warum und weil

***Perchè* vuoi depositare i documenti?**
Warum möchtest du die Dokumente zurücklegen?
Chiama la polizia *perchè* c'è stato un incidente.
Ruf die Polizei, weil sich ein Unfall ereignet hat.

Personalpronomen im Überblick

io	*ich*	**me**	*mich*
tu	*du*	**te**	*dich*
lui	*er*	**lui**	*ihn*
lei	*sie*	**lei**	*sie*
Lei	*Sie*	**Lei**	*Sie*
noi	*wir*	**noi**	*uns*
voi	*ihr*	**voi**	*euch*
loro	*sie*	**loro**	*sie*
Loro	*Sie*	**Loro**	*Sie*

***Io* vedo *te*.** Ich sehe dich.
***Noi* vediamo *loro*.** Wir sehen sie.
***Loro* vedono voi.** Sie sehen euch.

Kein Problem

Buon giorno. Qualcosa non va?	Guten Tag. Stimmt etwas nicht?
Si, la macchina non funziona.	*Ja, das Auto funktioniert nicht.*
Mi dispiace. Posso darle una mano?	Es tut mir Leid. Kann ich Ihnen helfen?
Si, per favore, mi da un passaggio fino alla prossima officina.	*Ja, bitte, nehmen Sie mich mit bis zu der nächsten Werkstatt.*
Prego, si accomodi.	Bitte, nehmen Sie Platz!
Grazie per il Suo aiuto.	*Danke für Ihre Hilfe!*
Di niente.	Das (ist) macht nichts.

48

Scusi signore, ho perso i documenti: il passaporto, la patente... A quale ufficio posso rivolgermi?	Entschuldigung, der Herr, ich habe meine Ausweispapiere verloren: den Pass, den Führerschein ... An welches Amt kann ich mich wenden?
Si deve rivolgere alla questura.	*Sie müssen sich an das Polizeipräsidium wenden.*
Dove si trova?	Wo befindet es sich?
Lei è con la macchina o a piedi?	*Sind Sie mit dem Auto oder zu Fuß unterwegs?*
Sono a piedi.	Ich bin zu Fuß.
Ah, è un po lontano da qua. Vuole un passaggio?	*Ah, es ist etwas weit weg von hier. Möchten Sie eine Mitfahrgelegenheit?*
Mille grazie!	Tausend Dank!

1. Richtig übersetzt?

1. Voi darmi una mano?
   a Gib mir deine Hand.
   b Willst du mir helfen?

2. Possiamo rivolgerci a loro?
   a Können wir uns Ihnen zuwenden?
   b Können wir uns an Sie wenden?

3. Le do un passaggio?
   a Soll ich Sie mitnehmen?
   b Gebe ich Ihnen einen Passierschein?

2. Bitte einsetzen

49

1. Ho perso i miei .... (Ausweise).
2. Dove si trova la .... (Polizeipräsidium)?
3. A chi posso .... (sich wenden an)?
4. Un passaggio fino alla prossima .... (Werkstatt).
5. Grazie per il vostro .... (Hilfe).

3. Was passt nicht rein?

1. io, tu, noi, vostro, loro, voi
2. mi, vi, ci, loro, Le, le
3. te, loro, noi, aiuto, voi
4. polizia, documenti, ufficio, perso, questura
5. rivolgersi, perdere, vedere, gamba, dare

4. Verbessern Sie

1. Ho persa il documento.
2. Voi do una mano.
3. Posso dare te un passaggio?
4. Grazie per il voi aiuto.

5. Lösen Sie den Bandwurm

1. Tihovistoinofficinaconloro.
2. Midaiperfavoreunamano.

Verben

man findet
si trova

überschreiten
superare

wehtun
fare male

glauben
credere

ich gehe
vado

es geht nicht
non va

funktionieren
funzionare

Ihnen helfen
darle una mano

mitnehmen
dare un passaggio

geben
dare

verlieren
perdere

verloren *perso*

sich wenden an
rivolgersi

Gesundheit

Kopf
la testa

Erkältung
l'influenza

Fieber
la febbre

Hals
la gola

Apotheke
la farmacia

Aspirin
l'aspirina

Lutschbonbon
la pastiglia

Halsschmerzen
il mal di gola

Schmerz
il dolore

Arm
il braccio

Fuß
il piede

Krankenwagen
l'ambulanza

Hilfe
l'aiuto

Sicher ist sicher

hinterlegen
depositare

Tresor
la cassaforte

Ausweispapiere
i documenti

Versicherung
l'assicurazione

Kopie
la copia

Polizei
la polizia

Polizei-präsidium
la questura

Protokoll
il verbale

Daten
i dati

Zeuge
il testimone

Kleine Wörter

einige
alcuni

gegen
contro

(et)was
cosa

schnell
presto

direkt dahinter
proprio dietro

bis
fino

Augenblick
l'attimo

warum, weil
perchè

Rund ums Auto

bewachter Parkplatz
il parcheggio custodito

Vorfahrt
la precedenza

Höchstgeschwindigkeit
il limite della velocità

Unfall
l'incidente

Mitfahrgelegenheit
il passaggio

Werkstatt
l'officina

Führerschein
la patente

Reisedokumente

Bürger der Bundesrepublik benötigen einen Personalausweis oder Pass. Für Kinder unter 16 Jahren ist ein Kinderausweis oder eine Eintragung im Elternpass erforderlich.
Autofahrer brauchen einen deutschen Führer- sowie Kraftfahrzeugschein. Vergessen Sie nicht die grüne Versicherungskarte sowie das Nationalitätenkennzeichen!

Diplomatische Vertretungen

Bundesrepublik Deutschland
Via San Martino della Battaglia 4, 00194 Roma, Tel. 06/49 21 31-5
Deutsche Konsulate gibt es in Bari, Cagliari, Catania, Firenze, Genova, Livorno, Milano, Rimini, Sassari, San Remo, Trieste, Torino, Venezia.
Österreich – Via Pergolesi 3, 00100 Rom, Tel. 06/84 12 306

Schweiz
Via B. Oriani 61, 00100 Rom, 06/80 95 71

Für dringende Notfälle

DRK-Flugdienst Bonn, Telefon aus Italien 0049/228/230023
Deutsche Rettungsflugwacht Stuttgart,
Telefon aus Italien 0049/711/701070

Die ADAC-Zentrale in 81373 München, Am Westpark 8, Telefon 089/76760 erteilt Auskünfte über die Anschriften deutschsprachiger Ärzte im jeweiligen Reisegebiet.

1. Hätten Sie's gewusst?

1. «Fatto» sagt man, wenn
   - a man froh ist, etwas geschafft zu haben.
   - b man geschafft ist.
   - c man noch ein Stück Torte haben will.

2. «Assistenzialismo» bedeutet, dass
   - a man gerne hilft.
   - b man sich gerne staatlich unterstützen lässt.
   - c der Staat hoch verschuldet ist.

3. «I carabinieri» sind
   - a Karabinerhaken.
   - b Angehörige der Schutzpolizei.
   - c Schutzgarde im Vatikan.

4. Was man nicht vergessen sollte:
   - a alle italienischen Vokabeln zu wiederholen.
   - b den internationalen Krankenschein und die grüne Versicherungskarte.
   - c Buch und Cassette «Italienisch in letzter Minute».

5. «La mazzetta» ist
   - a ein besonderes Risottogericht.
   - b ein Bündel Geldscheine, zwecks Bestechung eingesetzt.
   - c ein Hinweisschild in Amtsstuben.

2. Wie macht man's richtig?

1. Dopo un incidente:
   a si va in officina.
   b si chiama la polizia.

2. Documenti persi:
   a niente da fare.
   b si va in questura.

3. Mal di testa:
   a si mangia tanto.
   b si prende un'aspirina.

3. Was fehlt?

1. La polizia fa un .... (Protokoll)

2. In farmacia compro le .... (Lutschtabletten)

3. In officina chiedo per .... (Hilfe)

4. Non posso dar......... una mano. (dir)

5. Loro hanno perso i .... documenti. (ihre)

6. Lei ha perso la .... borsa. (ihre)

7. Il .... nome mi piace tanto. (dein)

4. Richtig übersetzt?

1. Dopo l'incidente abbiamo chiamato la polizia, poi siamo andati in officina.
   a Nach dem Unfall haben wir die Polizei gerufen, und sie ist sofort gekommen.
   b Nach dem Unfall haben wir die Polizei gerufen und sind dann in die Werkstatt gefahren.

2. La polizia ha fatto il verbale che ci serve per l'assicurazione.
   a Die Polizei hat das Protokoll gemacht, das wir für die Versicherung brauchen.
   b Die Polizei hat das Protokoll erstellt, und jetzt zahlt die Versicherung.

3. I testimoni hanno visto che l'altro non mi ha dato la precedenza.
   a Die Zeugen haben gesehen, dass der andere mir nicht die Vorfahrt gelassen hat.
   b Die Zeugen haben gesehen, dass der andere die Vorfahrt hatte.

4. Tutto è andato bene, però, la macchina non funziona più.
   a Alles ist gut gegangen, allerdings ist das Auto noch in der Werkstatt.
   b Alles ist gut gegangen, allerdings geht das Auto nicht mehr.

Kurzgrammatik

Fragewörter

Wortfragen

dove?	wo, wohin?
quale?	welcher, welche, welches?
quanto?	wie viel?
quanti?	wie viele?
perchè?	warum?
quando?	wann?
come?	wie?
che cosa?	was?
dov'è?	wo ist?
dove sono?	wo sind?
perchè?	warum (im Fragesatz)
perchè	weil (im Antwortsatz)

Satzfragen

Prendiamo un taxi? *Nehmen wir ein Taxi?*
C'è un bar? *Gibt es da eine Bar?*

Satzfragen ganz einfach: Der normale Aussagesatz bekommt ein Fragezeichen hintendran und wird anders gesprochen: Die Satzmelodie geht am Ende hoch.

Adjektiv und Adverb

Stellung des Adjektivs

1. Adjektive stehen im Allgemeinen **nach** dem Substantiv. Dies gilt besonders für die Adjektive, die Unterscheidungsmerkmale (zum Beispiel Farbe, Form, Nationalität) bezeichnen:
   la gonna **bianca**, l'acqua **minerale,** il vino **rosso**
2. Adjektivisch gebrauchte Partizipien werden in der Regel nachgestellt:
   la gonna **comprata** le scarpe **rotte**
3. Ordnungszahlen stehen **vor** dem Substantiv:
   il **primo** piatto la **seconda** strada
4. Adjektive mal **vor-**, mal **nachgestellt:**
   Mit geringer Eigenbedeutung stehen sie vor dem Subjekt, als betontes Unterscheidungsmerkmal nach dem Subjekt. Dazu gehören: bello, buono, brutto, grande, bravo, elegante, piccolo.
   Non vuoi comprarti una piccola **casa**?
   Mi compro una casa **piccola,** perchè non posso spendere tanto.

Vom Adjektiv zum Adverb

1. sicur**o/a** sicuramente
   Adjektive auf **-o**: An die weibliche Form des Adjektives (**-a**) wird **-mente** angehängt.
2. dolce dolce**mente**
   Adjektive auf **-e**: **-mente** wird angehängt.
3. normal**e** normal**mente**
   Adjektive auf **-le**: das **e** vor **-mente** entfällt.

Unregelmäßige Adverbien

E'una **buona** cena.	Abbiamo mangiato **bene.**
Il pesce è **cattivo** (schlecht).	Abbiamo mangiato **male.**
Ho **molta** fame (Hunger).	Mangio **molto.**
Ho **poca** sete (Durst).	Bevo **poco.**

Adjektiv	**Adverb**
buono/a	bene
cattivo/a	male
molto/a	molto
poco/a	poco

Rund ums Verb

Regelmäßige Verben auf -are, -ere, -ire im Überblick

comprare *kaufen,* wie: mangiare	**prendere** *nehmen,* wie: vedere	**partire** *abfahren,* wie: aprire
compr**o**	prend**o**	part**o**
compr**i**	prend**i**	part**i**
compr**a**	prend**e**	part**e**
compr**iamo**	prend**iamo**	part**iamo**
compr**ate**	prend**ete**	part**ite**
compr**ano**	prend**ono**	part**ono**

Wichtige unregelmäßige Verben

venire *kommen*	**dire** *sagen*	**sapere** *wissen*
vengo	dico	so
vieni	dici	sai
viene	dice	sa
veniamo	diciamo	sappiamo
venite	dite	sapete
vengono	dicono	sanno

Einige unregelmäßige Partizipien

aprire	**aperto**	*geöffnet*
dire	**detto**	*gesagt*
fare	**fatto**	*gemacht*
mettere	**messo**	*gesetzt/gelegt/gestellt*
perdere	**perso**	*verloren*
piacere	**piaciuto**	*gefallen*
prendere	**preso**	*genommen*
scendere	**sceso**	*ausgestiegen*
vedere	**visto**	*gesehen*
essere	**stato**	*gewesen*
avere	**avuto**	*gehabt*

Verben, die im Präsens unregelmäßig sind, haben häufig ein regelmäßiges Partizip Perfekt:

andare – **andato**
dare – **dato**
dovere – **dovuto**
potere – **potuto**
sapere – **saputo**
stare – **stato**
venire – **venuto**
volere – **voluto**

Befehlen im Singular

Compr**a**!
Kauf!
Non compr**are**!
Kauf nicht!

Prend**i**!
Nimm!
Non prend**ere**!
Nimm nicht!

Part**i**!
Fahr ab!
Non part**ire**!
Fahr nicht ab!

1. Verben auf **-are**: wie 3. Person Präsens (Endung **-a**)
2. Verben auf **-ere** / **-ire**: wie 2. Person Präsens (Endung **-i**)

Verneinter Befehl: **non + Infinitiv**
Beachten: Das Pronomen wird ans Verb angehängt (prend**iti**)!

Diesmal höflich!

Compr**i**! *Kaufen Sie!*
Non compr**i**!

Compr**ate**! *Kauft!*
Non compr**ate**!
Kauft nicht!

Compr**iamo**!
Kaufen wir!

Prend**a**! *Nehmen Sie!*
Non prend**a**!

Prend**ete**! *Nehmt!*
Non prend**ete**!
Nehmt nicht!

Prend**iamo**!
Nehmen wir!

Part**a**! *Fahren Sie ab!*
Non part**a**!

Partite! *Fahrt ab!*
Non part**ite**!
Fahrt nicht ab!

Part**iamo**!
Fahren wir ab!

Reflexive Verben

chiamarsi *sich nennen, heißen*
mi chiamo *ich heiße*
ti chiami *du heißt*
si chiama *er / sie heißt, Sie heißen*
ci chiamiamo *wir heißen*
vi chiamate *ihr heißt, Sie heißen*
si chiamano *sie heißen*

chiamare *rufen* (nicht reflexiv)
chiam**o** *ich rufe*
ti chiam**o** *ich rufe dich*

Achtung: Unregelmäßige Schreibung bei Verben!
Bei Verben auf -**care** oder -**gare** (mancare, pagare) muss man in der zweiten Person Singular und in der ersten Person Plural ein **h** einfügen, damit die Aussprache erhalten bleibt. Bei Verben auf -**iare** (mangiare) wird nur ein **i** geschrieben.

Unverzichtbares Modalverb

dovere *müssen*
devo
devi
deve
dobbiamo
dovete
devono

Sie erinnern sich: Modalverben stehen in der Regel nicht allein. Es wird ihnen meist ein anderes Verb im Infinitiv angehängt.

Dreimal «ci»

ci – uns? da? dahin?
C'è Donatella? *Ist Donatella da?*
Ci andiamo. *Wir gehen da hin.*
Ci vediamo? *Sehen wir uns?*
Ci bedeutet also:
1. da, dort **2.** dahin **3.** uns

Dreimal «che»

1. **Che** buona cena!	*Was für ein gutes Abendessen!*
2. Il signore, **che** è ...	*Der Herr, der ... ist.*
La signora, **che** è ...	*Die Frau, die ... ist.*
La cena, **che** è ...	*Das Abendessen, das ... ist*
3. Sai **che** ...	*Weißt du, dass ...*

Unregelmäßiger Plural

1. Unveränderte Endung

il caffè	i caff**è**	Endbetonte Substantive
la città	le citt**à**	
il papà	i pap**à**	
l'autobus	gli autob**us**	Substantive, die auf
il computer	i comput**er**	Konsonant enden
l'hotel	gli hot**el**	
il tram	i tra**m**	
il taxi	i tax**i**	Fremdwörter

2. Veränderte Schreibweise

il tede**sco**	i tede**schi**	Substantive auf -**co** (oder -**go**) (vorletzte Silbe betont) bilden den Plural auf -**chi** (oder -**ghi**).
il suc**co**	i suc**chi**	
l'ami**co**	gli ami**ci**	Ausnahme
l'ami**ca**	le ami**che**	Substantive auf -**ca** oder (-**ga**)
la tede**sca**	le tede**sche**	bilden den Plural auf -**che** (oder -**ghe**).
il cam**bio**	i cam**bi**	Substantive auf unbetontes -**io**
il formag**gio**	i formag**gi**	haben nur ein -**i** im Plural.
Aber: lo **zio**	gli **zii**	

3. Veränderte Aussprache

il medi**co**	i medi**ci**	Substantive auf -**co** (oder -**go**) (drittletzte Silbe betont) bilden den Plural auf -**ci** (oder -**gi**).

4. Ausnahmen

il problem**a**	i problem**i**	Männliche Substantive auf -**a** bilden
il turist**a**	i turist**i**	den Plural auf -**i**.

Wichtige Präpositionen

a	*an, zu ... hin,*
in	*in, in ... hinein*
da	*von ... her, von ... weg, von ... herunter, aus ... heraus*
di	*von, aus,* Angabe des Genitivs
da + Person	*zu, bei, von*
di fronte a	*gegenüber, vor*
in faccia a	*gegenüber, vor*
presso (a)	(nahe) *bei*
vicino a	*nahe bei*
accanto a	*neben*
davanti a	*vor* (räumlich)
dietro	*hinter*
fino a	*bis, bis zu ... hin*
fra	*zwischen* (zweien)
tre	*zwischen* (mehreren)
in fondo	*hinten*
sopra	*über*
sotto	*unter*
su	*auf / in*
attraverso	*durch ... hindurch*

su + Artikel

su + il	=	**sul**	su + i	=	**sui**
su + lo	=	**sullo**	su + gli	=	**sugli**
su + l'	=	**sull'**	su + le	=	**sulle**
su + la	=	**sulla**			

genauso

in + il	=	**nel**	a + il	=	**al**
di + il	=	**del**	in + lo	=	**nello**
da + il	=	**dal**			

Grammatik, die in den Lektionen behandelt wird

Schlüssel

Üben 1

① **1.** b **2.** a **3.** b **4.** a **5.** b

② **1.** benvenuto/i! **2.** come sta? come va? **3.** buona notte **4.** a domani **5.** buon giorno **6.** buona sera

③ **1.** c **2.** e **3.** d **4.** a **5.** b

④ **1.** Grazie, ciao a domani! **2.** Ciao, come stai? **3.** Buona sera signore, come sta? **4.** Ciao a più tardi. **5.** Buona notte!

Üben 2

① **1.** Bist du Lehrerin? **2.** Frau Savio ist (die) Bürochefin. **3.** Paolo arbeitet im Büro. **4.** Sie heißt Laura. **5.** Wo arbeitet Herr Rossi? **6.** Wie heißen Sie (Singular)? Wie heißt er / sie?

② **1.** b **2.** b **3.** a **4.** b

③ **1.** nome, **2.** ufficio, **3.** si, **4.** sei

④ l', il, il, l', il, lo

⑤ **1.** in Italia **2.** la professoressa **3.** Lei è Italiano? **4.** Come ti chiami? **5.** Dove lavori? **6.** in Germania **7.** Sono tedesca.

Üben 3

① **1.** c **2.** d **3.** e **4.** f **5.** b **6.** a

② **a** alle due e mezza **b** alle cinque in punto **c** a mezzanotte **d** alle cinque di pomeriggio **e** alle otto meno dieci (minuti) **f** dopo mezzogiorno

③ **1.** cinque + tre = otto **2.** sette - quattro = tre **3.** nove + uno = dieci **4.** dieci - otto = due **5.** cinque - cinque = zero **6.** sei + quattro = dieci

④ **1.** f **2.** r **3.** f **4.** f **5.** r

⑤ sette, otto, zero, sei/cinque, uno, sette, tre/dieci, quattro, nove, due/zero, otto, tre, cinque/dieci, nove, otto, sette, sei/cinque, quattro, tre, due, uno, zero

Prüfstand 1 – 3

① **1.** c **2.** b **3.** c **4.** c **5.** a **6.** b **7.** b

② **1.** la, **2.** l' , **3.** il, **4.** il, **5.** lo

③ **1.** a **2.** b **3.** b

④ **1.** all'una, **2.** dieci ore, **3.** Sono impiegato. **4.** andiamo a mangiare, **5.** Il signor Rossi è in ufficio. **6.** Come si chiama?

⑤ **1.** otto-dieci **2.** quattro-sei **3.** due-quattro **4.** zero-due **5.** sei-otto

⑥ **1.** b **2.** c **3.** b **4.** c

⑦ **a** A che ora andiamo al bar? **b** Alle dieci meno cinque. **c** Sette ore lavoro in ufficio.

Üben 4

① **1.** scusa, **2.** chiave, **3.** firma, **4.** posto letto

② **1.** b **2.** a **3.** a

③ bagni, firme, camere, chiavi, letti, giorni

④ **1.** Non ci sono camere. **2.** La doccia non c'è. **3.** Le chiavi sono qua.

⑤ **1.** Vorrei una camera matrimoniale. **2.** Vorrei una camera (singola), un posto letto. **3.** Vorrei il (mio) passaporto.

⑥ **1.** Mi dispiace, non c'è una camera.
2. Vorrei un letto matrimoniale, per favore!

Üben 5

① **1.** a, **2.** gira, **3.** lontano, a , **4.** c'è, **5.** Dov'è

② Die Via Appia? Die Via Sturzo, ahh, das ist etwas weit weg von hier. Zuerst geht man immer geradeaus, dann wendet man sich an der ersten Ampel nach links und dann nach rechts!

③ **1.** b **2.** a **3.** b

④ **1.** non lo so **2.** al prossimo angolo a sinistra, poi sempre diritto **3.** con la macchina è un'ora e dieci minuti **4.** al semaforo a destra, poi la prima strada a sinistra **5.** a piedi è un pò lontano da qua

⑤ **1.** Dov'è la piazza Garibaldi? **2.** In piazza c'è un bar. **3.** La prima strada a sinistra.

Üben 6

① **1.** dodici, quattordici, sedici, diciassette **2.** diciannove, ventuno, ventitré, ventiquattro **3.** trentasette, trentotto, quaranta, quarantuno **4.** cinquanta, settanta, novanta, cento

② **1.** b **2.** a **3.** b

③ **1.** Vorrei un biglietto di andata e ritorno per Verona. **2.** C'è un pullman (autobus) per Malcesine? **3.** Quanto costa un biglietto (solo) andata per Catania? **4.** A che ora è un volo per Palermo?

④ **1.** 43 **2.** 7820 **3.** 2016 **4.** 1066 **5.** 2721

⑤ **1.** di, a **2.** per

Prüfstand 4 – 6

① **1.** b **2.** b **3.** b **4.** a **5.** b

② **1.** a, **2.** a – con, **3.** di – alle due, **4.** quanto – per, **5.** per, **6.** a –all'

③ **1.** 41 **2.** 13 **3.** 18 **4.** 2973 **5.** 922

④ **1.** Dove sono le chiavi? **2.** La camera non mi piace. **3.** Prego, qui c'è il passaporto! **4.** Vorrei una camera con due posti letto. **5.** Quanto costa la camera per tre giorni? **6.** Quando parte il pullman (l'autobus) per Rimini?

⑤ **1.** novecentoventisette – novecentoventinove **2.** trentotto – quaranta **3.** ottomila settantadue – ottomila settantaquattro 4. un milione seicentotrentuno – un milione seicentotrentatré

⑥ **1.** permesso, **2.** ecco, **3.** doccia, **4.** domani, **5.** cento

⑦ **1.** treni, **2.** biglietti, **3.** strade, **4.** chiavi, **5.** aerei

⑧ **1.** Non so dov'è l'angolo. **2.** Mi dispiace, siamo al completo!
3. Per sette giorni costa ottocentocinquantamila lire.

Üben 7

① **1.** a **2.** b **3.** a

② **1.** libero, **2.** buon, **3.** buona, **4.** tedesco, **5.** secondo, **6.** crudo

③ **1.** mangiato, **2.** lavorato, **3.** mangiato, **4.** lavorato, **5.** arrivati, **6.** arrivato, **7.** partita, **8.** partiti, **9** arrivate

④ **1.** A pranzo mangio un buon piatto di risotto e un pesce. **2.** Il prosciutto crudo e gli spaghetti sono buoni.

Üben 8

① **1.** di, **2.** di, **3.** del, **4.** bottiglia, **5.** acqua

② **1.** Prego, mi porti un'altra bottiglia di vino rosso. **2.** Vorrei ancora del pane. **3.** Il conto, per favore!

③ **1.** Prendo una buona bistecca. **2.** Il vino bianco non mi piace. **3.** Il vino di casa è buono. **4.** Prendiamo l'insalata mista.

④ **1.** b **2.** b **3.** a

⑤ **1.** Vorrei ...., **2.** Mi porti per favore ......, **3.** Desidero ....

Üben 9

① **1.** b **2.** a **3.** a

② **1.** il conto, **2.** bello, **3.** aranciata

③ **1.** Prego, mi porti una limonata. **2.** Vorrei un digestivo! **3.** Come dolce vorrei un gelato. **4.** Prendo un'altra fetta di torta.

④ **1.** un bel cameriere **2.** il buon gelato **3.** la buona cucina **4.** il buon pesce **5.** la bella signora

⑤ **1.** Vorrei il conto per favore! **2.** Sei una buona forchetta. **3.** Come dolce vorrei una fetta di torta.

Prüfstand 7 – 9

① **1.** b **2.** c **3.** a **4.** c

② **1.** di, **2.** di, **3.** di, **4.** bel – buona, **5.** grandi

③ **1.** caffè freddo, **2.** caffè latte, **3.** caffè corretto, **4.** caffè ristretto

④ **1.** No, non prendo un digestivo. **2.** No, non c'è del prosciutto crudo. **3.** No, non mangio una fetta di torta. **4.** No, non ho lavorato tanto. **5.** No, non abbiamo mangiato bene. **6.** No, non siamo arrivati a casa.

⑤ **1.** prosciutto, **2.** buona forchetta, **3.** spaghetti al dente, **4.** il conto

⑥ **1.** c **2.** b **3.** c **4.** a **5.** b **6.** c

⑦ **1.** Mangi una buona fetta di torta? **2.** I vini italiani sono molto buoni. **3.** Le signore al ristorante sono belle.

Üben 10

① **1.** b **2.** a **3.** b **4.** a

② **1.** spesa, **2.** chilo, **3.** ha, **4.** ha

③ **1.** Facciamo presto. **2.** Facciamo tardi. **3.** Fate la pizza? **4.** Ho fatto le vacanze.

④ **1.** al, **2.** un', **3.** comprato, **4.** costano

Üben 11

① **1.** b **2.** a **3.** a **4.** b

② **1.** b **2.** a **3.** b

③ **1.** in, **2.** rosso, **3.** viste, **4.** gonne, **5.** questi pantaloni

Üben 12

① **1.** Preferisco pagare con monete e banconote. **2.** La banca mi fa un cambio favorevole. **3.** Si può anche pagare con la carta di credito.

② **1.**lunedì **2.** domenica **3.** giovedì **4.** martedì **5.** venerdì **6.** mercoledì **7.** sabato

③ **1.** a **2.** b **3.** b **4.** b

④ **1.** giusto, **2.** favorevole, **3.** sconto

Prüfstand 10 – 12

① **1.** b **2.** b **3.** c **4.** b

② **1.** b **2.** b **3.** a

③ **1.** venerdì, **2.** alle, **3.** gustose, **4.** è, **5.** pagare, **6.** comprato

④ **1.** c **2.** c **3.** a **4.** c

⑤ **1.** Dove si fa un cambio favorevole? **2.** Quanto costa la borsa nera? **3.** Posso provare il vestito bianco? **4.** Posso pagare con la carta di credito? **5.** Quando apre il negozio di alimentari?

⑥ **1.** r **2.** r **3.** f **4.** r **5.** r **6.** r

Üben 13

① **1.** a **2.** b **3.** a

② **1.** nostre, nella; **2.** loro, nella; **3.** tua; **4.** vostre; **5.** mio; **6.** mio; **7.** della; **8.** del

③ **1.** f **2.** r **3.** r **4.** f **5.** r

④ **1.** Mancano ancora le vostre firme. **2.** Abbiamo depositato i soldi nella cassaforte. **3.** La sua macchina è nel parcheggio custodito.

Üben 14

① **1.** b **2.** a **3.** b

② **1.** la testa, **2.** il piede, **3.** stomaco, **4.** testa, **5.** cuore

③ **1.** vi, **2.** ti, **3.** Mi, **4.** gli, **5.** Le

④ **1.** b **2.** b **3.** b

Üben 15

① **1.** b **2.** b **3.** a

② **1.** documenti, **2.** la questura, **3.** rivolgermi, **4.** officina, **5.** aiuto

③ **1.** vostro, **2.** loro, **3.** aiuto, **4.** perso, **5.** gamba

④ **1.** perso, **2.** vi, **3.** darti, **4.** vostro

⑤ **1.** Ti ho visto in officina con loro. **2.** Mi dai, per favore, una mano.

Prüfstand 13 – 15

① **1.** a **2.** b **3.** b **4.** a, b, c **5.** b

② **1.** b **2.** b **3.** b

③ **1.** verbale, **2.** pastiglie, **3.** l'aiuto, **4.** darti, **5.** loro, **6.** sua, **7.** tuo

④ **1.** b **2.** a **3.** a **4.** b

Wörterbuch

Dieses Wörterbuch enthält rund 2000 gebräuchliche Wörter, darunter alle, die bisher verwendet wurden. Die Zahl hinter dem Wort zeigt an, auf welcher Seite es zum ersten Mal erscheint.
Hauptwörter auf **-o** sind immer männlich, haben also den Artikel **il** oder **uno**. Hauptwörter auf **-a** sind immer weiblich, haben den Artikel **la** oder **una**. Substantive, deren Geschlecht sich nicht an der Endung erkennen lässt, sind mit **(m)** für maskulin und **(f)** für feminin gekennzeichnet. **(Pl.)** zeigt den Plural, **(Sg.)** den Singular an.

Italienisch – Deutsch

A

a bis, *nach, in, an*
a casa *nach, zu Hause*
a destra *nach rechts* **39**
a domani *bis morgen* **17**
a mezzanotte *um Mitternacht* **25**
a mezzogiorno *um die Mittagszeit (12 Uhr)* **25**
a piedi *zu Fuß* **39**
a più tardi *bis später* **17**
a pranzo *zum Mittagessen* **53**
a proposito *übrigens*
a sinistra *nach links* **39**
a tavola *zu Tisch!*
abbastanza *ziemlich*
abbigliamento *Bekleidung*
abbronzarsi *(sich) bräunen*
abitare *wohnen*
accanto *nebenan*
accendere *anzünden, anschalten*
accendere i fari *die Scheinwerfer anmachen*
accendino *Feuerzeug*
acceso *angeschaltet*
accettare *annehmen, akzeptieren*
accoglienza *Gastfreundschaft*
accogliere *aufnehmen*
accolto *aufgenommen*
accomodarsi *Platz nehmen*
accompagnare *begleiten*
accordo *Übereinkunft*
aceto *Essig* **61**
acqua *Wasser* **53**
acqua minerale *Mineralwasser* **53**
acquisto *Einkauf*
adatto *angemessen*
adesso *jetzt*
aereo *Flugzeug* **43**
aereoporto *Flugplatz* **43**
affare (m) *Geschäft*
affare fatto *abgemacht*
affari, amico d'affari *Geschäftsfreund* **viaggio d'affari** *Geschäftsreise*
affascinante *faszinierend*
affetto *Zuneigung*
affittare *(ver)mieten*
affresco *Fresko*
agenzia di viaggio *Reisebüro*
agio, sentirsi a suo *sich wohl fühlen*
agitarsi *sich aufregen*
aglio *Knoblauch*
agnello *Lamm*
agosto *August*
agroturismo *Urlaub auf dem Bauernhof*
aiuto *Hilfe* **97**

al completo *ausgebucht* 25
al dente *mit Biss*
al mercato *auf dem Markt*
al prossimo angolo *an der nächsten Ecke* 39
al semaforo *an der Ampel* 39
albergo *Hotel*
albero *Baum*
alcuni *einige*
alimentari *Lebensmittel* 73
aliscafo *Tragflügelboot*
all'arrabbiata *mit scharfer Soße*
all'incrocio *an der Kreuzung* 39
alla salute *zum Wohl*
allegria *Fröhlichkeit*
allegro *fröhlich*
allergia *Allergie*
allora *also* 53
almeno *mindestens, wenigstens*
alpinismo *Bergsteigen*
alt *Halt*
alta pressione *Hoch*
alto *hoch*
altrimenti *ansonsten*
altro *ein anderer/es*
altrove *anderswo(hin)*
amante (m+f) *Liebhaber(in)*
amare *lieben*
amaro *Magenbitter*
amaro *bitter*
ambasciata *Botschaft*
ambientale *Umwelt-*
ambulanza *Krankenwagen* 93
amicizia *Freundschaft*
amico/a *Freund, Freundin*
amministrazione *Verwaltung*
ammirare *bewundern*
anagrafe *Einwohnermeldeamt*
anche *auch* 61
ancora *noch* 57
ancora del vino *noch etwas Wein* 53
andare *fahren, gehen* 25
andare a trovare *besuchen*
andare via *weggehen*
andata *Hinfahrt* 43
andata e ritorno *hin und zurück* 43
angolo *Ecke* 39
animale (m) *Tier*
annata *Jahrgang, Erntejahr*
anni avere *alt sein (Jahre haben)*
anno *Jahr*
annuncio *Anzeige*
antipasto *Vorspeise*
antipatico *unsympathisch*
antiquato *antiquiert*
aperitivo *Aperitif*
aperto *geöffnet*
apparecchiare *Tisch decken*
appena *kaum*
appetito *Appetit*
appuntamento *Verabredung,* **darsi un –** *eine Verabredung treffen*
apribottiglia *Flaschenöffner*
aprile (m) *April*
aprire *öffnen*
arancia *Orange*
aranciata *Orangenlimonade*
archivio *Archiv*
arco *Bogen*
area di servizio *Raststätte*
argento *Silber*
argomento *Thema*
arie, darsi – *Allüren haben*
armadio *Schrank*
arrangiarsi *zurechtkommen* 97
arrivare *ankommen* 43
arrivederci *auf Wiedersehen*
arrivo *Ankunft* 43
arrosto *gebraten, Braten*
arte (f) *Kunst*
artigianato *Handwerk*
ascensore *Fahrstuhl*
asciugamano *Handtuch*
asciugare *(ab)trocknen*
asciutto *trocken*
asparagi *Spargel*
aspettare *warten*
aspirina *Aspirin* 93
assaggiare *probieren, kosten*
assicurazione *Versicherung*
assistenzialismo *Abhängigkeit von staatlicher Unterstützung*
assistere *dabei sein*
assolutamente *unbedingt*
assorbenti *Damenbinden*
assumere *einstellen*
attacco cardiaco *Herzanfall*
attento *aufmerksam, vorsichtig*
attenzione *Achtung, Aufmerksamkeit*
attimo *Augenblick*
attore (m) *Schauspieler*
attraverso *quer durch, über*
augurio *Glückwunsch*
Austria *Österreich*
austriaca *österreichisch*
austriaco *Österreicher*
autobus *Autobus* 43
autocarro *Lastwagen*
autonoleggio *Autoverleih*
autostrada *Autobahn*
autunno *Herbst*
avanti *Gehen, los!*
avere *haben* 53
avere freddo *frieren*
avere voglia di *Lust haben auf / zu*

avventura *Abenteuer, Erlebnis*
avviso *Bekanntmachung, Ansicht*
avvocato *Rechtsanwalt*
azienda di soggiorno *Verkehrsverein*
azzurro *blau*

B

Babbo Natale *Weihnachtsmann*
baccalà *Stockfisch*
baciare *küssen*
bacio *Kuss*
bagaglio *Gepäck*
bagno *Bad* **35**
ballare *tanzen*
ballo *Tanz*
bambina *kleines Mädchen*
bambinetto *kleines Bübchen*
bambino *Kind*
bambola *Puppe*
banale *banal*
banana *Banane*
banca *Bank* **79**
banconota *Geldschein*
bandiera *Fahne*
bar *Bar*
barattolo *Dose*
barbiere *Herrenfriseur*
barca *Boot*
base, in – a *gemäß, basierend auf*
basilica *Basilika*
bassa pressione *Tief*
basta *genug* **57**, *es genügt*
basta così *das genügt so* **57**
bastare *genügen*
beato te! *du Glücklicher*
Befana *Weihnachtshexe*
beige *beige*
bellezza *Schönheit*
bello *schön*
bene *gut*
benedetto *gesegnet*
benissimo *sehr gut*
benvenuto *willkommen* **17**
benzina *Benzin*
bere *trinken* **57**
bere, da *zum Trinken* **53**
bevanda *Getränk*
biancheria intima *Unterwäsche*
biancherie *Wäsche*
bianco *weiß* **57**
bicchiere *Glas* **57**
bicicletta *Fahrrad*
biglietteria *Fahrkartenschalter*
biglietto *Fahrkarte* **43**
biglietto d'ingresso *Eintrittskarte*
binario *Gleis*
biondo *blond*
birra *Bier* **57**
biscotti *Kekse*
bisogna *man muss*
bistecca *Kotelett* **57**
bloccare *blockieren*
blu *blau* **75**
bocca *Mund*
boccone *großer Bissen*
borsa *Tasche* **75**
bosco *Wald*
bottiglia *Flasche* **57**
braccio (Pl.: le braccia) *Arm* **93**
braciola *Kotelett*
bravo *gut, tüchtig*
brioche *Butterhörnchen* **24**
brontolare *brummeln*
bruciare *brennen*
brutto *hässlich*
buca delle lettere *Briefkasten*
buon giorno *guten Tag* **17**
buona sera *guten Abend* **17**
buone feste *schöne Festtage*
buonissimo *sehr gut*
buono *gut* **17**
burro *Butter*
bussare *klopfen*
busta (da lettera) *Briefumschlag*

C

cabina telefonica *Telefonzelle*
cadere *fallen*
caduta massi *Steinschlag*
caffè (m) *Cafeteria, Kaffee* **61**
caffèlatte *Milchkaffee*
caldo *warm*
caldo *Hitze, Wärme*
calma *Ruhe*
calmarsi *sich beruhigen*
calmo *ruhig*
calza *Strumpf*
calzini *Socken*
cambiare dei soldi *Geld wechseln* **79**
cambio *Wechsel*
camera *Zimmer* **35**
camera matrimoniale *Doppelzimmer* **35**
camera singola *Einzelzimmer*
cameriere (m) *Kellner* **61**
camicetta *Bluse*
camicia *Hemd* **75**
camino *Kamin*
camomilla *Kamillen(tee)*
campanile *Turm*
campeggio *Camping*
campo di tennis *Tennisplatz*
cancellare *streichen*
cancello *Tor*
cane *Hund*
canotto pneumatico *Schlauchboot*
cantare *singen*
cantina *Keller* **56**
canzone *Lied*

capace (di) *imstande, tüchtig*
capello *Haar*
capire *verstehen*
capo *Chef*
capo ufficio *(Büro-)Chef, Chefin* **21**
capodanno *Neujahr*
cappello *Hut*
cappuccino *Kaffee*
carabinieri *Polizei*
caraffa *Karaffe*
caratteristico *charakteristisch*
carciofo *Artischocke*
carino *hübsch*
carissimo *mein Lieber*
carne *Fleisch* **53**
caro *lieb, teuer* **73**
caro vita *Lebenshaltungskosten*
carote *Karotte*
carrozza cuccette *Liegewagen*
carrozza letti *Schlafwagen*
carrozza ristorante *Speisewagen*
carta *Landkarte, Speisekarte*
carta di credito *Kreditkarte* **79**
carta verde *grüne Versicherungskarte*
cartolina *Postkarte*
casa *Haus* **57**
caso *Fall, Zufall*
cassa *Kasse*
cassaforte *Tresor* **89**
cassetta *Kassette*
castello *Burg, Schloss*
catena da neve *Schneeketten*
cattivo *böse, gemein*
cattiva digestione *schlechte Verdauung*
cavallo *Pferd*
cavatappi *Korkenzieher*
cavolfiore *Blumenkohl*
c'è *es gibt* **17**
cena *Abendessen* **53**
cenare *zu Abend essen*
cenone (m) *Festmahl*
cento *hundert*
centrale *zentral, Zentral-*
centro *Zentrum* **39**
centro, in – *in der Innenstadt* **39**
centro città *Innenstadt*
cerca di lavoro *auf Arbeitssuche*
cercare *suchen*
cerotto *Pflaster*
certamente *sicherlich, sicher* **75**
certificato di cittadinanza *Nachweis der Staatsangehörigkeit*
certificato di nascita *Geburtsurkunde*
certificato di residenza *Wohnsitznachweis*
certo *sicher*
che *der, die, das (Relativpronomen), dass* **73**
cheque *Scheck* **79**
chi *wer, derjenige, welcher*
chi cerca trova *wer sucht, der findet*
chiamare *(an)rufen, heißen* **21**
chiaro *klar*
chiave *Schlüssel* **35**
chiesa *Kirche*
chiesto *gefragt*
chilo *Kilo* **73**
chilometro *Kilometer*
chiudere *schließen* **79**
chiuso *geschlossen*
ci *da, dahin, uns*
ci sono *da sind*
ciao *hallo, tschüs* **17**
cielo *Himmel*
cimitero *Friedhof*
cin cin! *Prost!*
cinema *Kino*
cinque *fünf* **25**
cintura *Gurt, Gürtel*
cioccolata *Schokolade*
cipolla *Zwiebel*
circa *etwa*
città *Stadt*
cittadino *Bürger*
classe (f) *Klasse*
cliente (m+f) *Kunde*
clientelismo *Vetternwirtschaft*
clima (m) *Klima*
codice fiscale *Steuernummer*
cognata *Schwägerin*
cognato *Schwager*
cognome (m) *Familienname, Nachname*
coincidenza *Anschluss*
colazione *Frühstück,* **fare –** *frühstücken*
collant *Strumpfhose*
collega (m+f) *Kollege, Kollegin*
collo *Hals*
collocamento, ufficio di *Arbeitsamt*
colloquio *Unterhaltung*
colonna *Säule*
colore (m) *Farbe*
colpa *Schuld*
colpo di sole *Sonnenstich*
coltello *Messer*
combinare *zu Wege bringen, anstellen*
combinazione *Verbindung*
come *wie* **21**
come mai? *warum?*
cominciare *anfangen*
comizio *(Partei-)Veranstaltung*
commerciante *Kaufmann, Händler*
commessa *Verkäuferin*
comodo *bequem*
compagnia *Gesellschaft*

compare (m) *Pate*
competente *zuständig, kompetent*
compito *Aufgabe*
compleanno *Geburtstag*
completo *ausgebucht*
complicato *kompliziert*
complottare *komplottieren*
comportarsi *sich benehmen*
comprare *kaufen* **73**
comprendere *verstehen, begreifen*
comune *Gemeinde*
con *mit* **39**
con la macchina *mit dem Auto* **39**
concetto *Konzept*
concorso *Wettbewerb*
condire *würzen, anmachen*
condizione *Bedingung, Lage, Zustand*
confezionato *fertig, abgepackt*
conflitto *Konflikt*
congresso *Kongress*
cono *(Eis-)Tüte*
conoscenza *Bekanntschaft*
conoscere *kennen*
conoscersi *sich kennen lernen*
consegna bagagli *Gepäckaufgabe*
consegnare *abgeben*
considerare *betrachten*
consigliare *raten, empfehlen*
consiglio *Rat*
consistere in *bestehen aus*
consolato *Konsulat*
contanti, in *in bar* **79**
contento *zufrieden*
contestare *demonstrieren*
contestazione (f) *Demonstration*
conti, fare i – *abrechnen*
continuare *weitermachen*
conto *Rechnung* **61**
contorno *Beilage* **57**
contrario, a – *im Gegenteil*
contro *gegen*
controllare *kontrollieren* **61**
controllo passaporti *Passkontrolle*
controllo sicurezza *Sicherheitskontrolle*
controllore (m) *Kontrolleur*
convincente *überzeugend*
convincere *überzeugen*
convinto *überzeugt*
convinzione *Überzeugung*
convivenza *Zusammenleben*
coperto *bedeckt, Gedeck*
copia *Kopie* **89**
coppa *Eisbecher*
corpo *Körper*
correggere *korrigieren*
corrompere *korrumpieren*
corrotto *korrumpiert*
corruzione *Korruption*
corso *Boulevard, Kurs*
cortesia *Gefälligkeit*
cosa *(et)was, Sache*
così *so* **57**
cosidetto *so genannt*
costare *kosten* **43**
cotone (m) *Baumwolle*
cravatta *Krawatte*
crederci *daran glauben*
credere *glauben* **93**
crema solare *Sonnencreme*
criminalità *Kriminalität*
crisi *Krise*
Cristo *Christus*
criticare *kritisieren*
croce *Kreuz*
crudo *roh* **53**
cubetto *kleiner Würfel*
cucchiaino *Teelöffel*
cucchiaio *Löffel*
cucina *Küche*
cucinare *kochen*
cucire *nähen*
cugina *Cousine*
cugino *Cousin*
cuoco *Koch*
cuoio *Leder* **75**
cuoio, di – *aus Leder* **75**
curiosità *Neugier, Sehenswürdigkeit*
curriculum vitae *Lebenslauf*
curva *Kurve*
custodito *bewacht* **89**

D

d'accordo *einverstanden*
da *von* **39, 43,** *zu (m)* **53,** *seit*
dai! *los!, auf!*
danno *man gibt*
danno *Schaden*
danza *Tanz*
dare *geben* **97**
dare una mano *eine Hand geben, helfen* **97**
darsi da fare *sich anstrengen*
darsi del tu *sich duzen*
darsi un appuntamento *eine Verabredung treffen*
data *Datum*
data di nascita *Geburtsdatum*
dati *Daten* **89**
davanti *vor (räumlich)*
davvero *wirklich*
debole *schwach*
decaffeinato *koffeinfrei*
decidersi *sich entscheiden*
deciso *entschieden*
dedicare *widmen*
delicato *empfindlich*
delusione *Enttäuschung*
deluso *enttäuscht*
denaro *Geld*

dente *Zahn*
dentifricio *Zahnpasta*
dentista *Zahnarzt*
denuncia *Anzeige*
desiderare *wünschen* **35, 57**
destinazione *Richtung*
destra *rechts* **39**
detto *gesagt*
deviazione *Umleitung*
di *von* **43**
dica! *bitte! (sagen Sie)*
dicembre *Dezember*
dichiarare *verzollen, erklären*
dieci *zehn* **25**
dietro *hinter*
differenziare *unterscheiden*
difficile *schwierig*
difficoltà *Schwierigkeit*
digestivo *Magenbitter* **61**
dimenticare *vergessen*
dimmi! *sag mir!*
dimostrarsi *sich erweisen, sich zeigen*
Dio *Gott*
dire *sagen*
dire sul serio *ernst meinen*
direttore (m) *Direktor*
direzione *Richtung*
diritto *geradeaus* **39**
disco orario *Parkscheibe*
discorso *Rede, Thema*
disdire *absagen*
disgustoso *widerwärtig*
disoccupato *arbeitslos, Arbeitsloser*
disordine *Unordnung*
disperarsi *verzweifeln*
dispiacere *missfallen, Leid tun* **35**
distanza *Entfernung*
distinti saluti (con) *mit freundlichen Grüßen*
disturbo *Störung, Beschwerde*
dito (Pl. f: le dita) *Finger*
ditta *Firma*
diventare *werden*
divertirsi *sich vergnügen*
divorziare *sich scheiden lassen*
divorzio *Scheidung*
doccia *Dusche* **35**
documento *Dokument* **97**
dogana *Zoll*
dolce *süß, mild*
dolce (m) *Süßspeise, Nachspeise, Kuchen* **61**
dolore *Schmerz* **93**
dolori al cuore *Herzschmerzen* **14**
domanda *Frage*
domandare *fragen*
domani *morgen* **79**
domani mattina *morgen früh*
domenica *Sonntag* **79**
domicilio *Wohnung*
donna *Dame, Frau*
dopo *nach, danach* **25**
dopodomani *übermorgen*
doppia *Doppelzimmer*
dormire *schlafen*
dottore *Doktor*
dov'è *wo ist* **39**
dove *wo, wohin* **21**
dovere *müssen*
dovuto a *bedingt durch*
dozzina *Dutzend*
drammatico *dramatisch*
drindrin *klingeling*
dubbio *Zweifel*
due *zwei* **25**
due, in *zu zweit*
dunque *also*
duomo *Dom*
durante *während*
duro *hart*

E

è *er, sie ist, Sie sind* **21**
e *und*
eccellente *ausgezeichnet, hervorragend*
ecco *hier ist, da ist* **35**
economia *Wirtschaft*
economico *preiswert, wirtschaftlich* **73**
edificio storico *historisches Bauwerk*
educazione *Erziehung*
efficienza *Wirksamkeit, Effizienz*
Egitto *Ägypten*
egregio *sehr geehrter*
elettricità *Elektrizität*
elegante *elegant* **75**
elenco telefonico *Telefonbuch*
elezioni (Pl. f) *Wahlen*
emozionato *aufgeregt*
enorme *enorm*
ente *Amt*
entrata *Eintritt*
entro *innerhalb*
epoca *Zeitalter*
equilibrio *Ausgeglichenheit*
equivoco *Missverständnis*
errore *Fehler* **61**
esagerare *übertreiben*
esame *Prüfung*
esattamente *genau*
esclusivamente *ausschließlich*
escursione *Ausflug*
esempio, per *zum Beispiel*
esistere *existieren*
esperienza *Erfahrung*
esporre *ausstellen*
espressione *Ausdruck, Redensart*
espresso *Kaffee, Eilpost*
essere *sein* **35, 75**
est *Osten*
estate *Sommer*
estero *Ausland*
età *Alter*
eternità *Ewigkeit*
etto *100 Gramm* **73**

eventualmente *eventuell*
ex *ehemalig*
extra *extra*

F

fa *vor (zeitlich)*
faccia *Gesicht*
fagioli *Bohnen*
falsificazioni *Fälschungen* **75**
falso *falsch*
fame *Hunger*
famiglia *Familie*
fammi! *mach mir!*
famoso *berühmt*
fantastico *phantastisch*
farcela *es schaffen*
fare *machen* **73**
fare colazione *frühstücken*
fare compagnia *Gesellschaft leisten*
fare gli auguri *gratulieren*
fare i conti *abrechnen*
fare il bagno *baden*
fare la fila *Schlange stehen*
fare lo stupido *den Dummen spielen*
fare male *wehtun* **93**
fare pace *Frieden schließen*
fare presto *sich beeilen* **73**
fare tardi *sich verspäten* **73**
fari *Scheinwerfer*
farmacia *Apotheke* **93**
fatto *gemacht*
favoloso *fabelhaft*
favore *Gefallen*
favorevole *günstig* **79**
fazzoletto *Taschentuch*
febbraio *Februar*
febbre *Fieber* **93**
fegato *Leber*
felice *glücklich*
ferie *Ferien*
ferito *verletzt*
fermata *Haltestelle*
fermo *fest*
ferrovia *Eisenbahn* **42**
festa *Fest*
festeggiare *feiern*
fetta *Scheibe* **61**
fiammifero *Streichholz*
fidarsi di *trauen, vertrauen*
figlia *Tochter*
figlio *Sohn*
figura *Figur* **20**
figurati! *ich bitte dich!*
fila, fare la – *Schlange stehen*
filetti *Filets*
film *Film*
filtro *Filter*
finalmente *endlich*
fine (f) *Ende*
fine (m) *der Zweck*
fine settimane *Wochenende*
finestra *Fenster*
finire *beenden*
fino *bis* **97**
finocchio *Fenchel*
finora *bis jetzt*
fiore *Blume*
firma *Unterschrift* **35**
fisso *fest*
fiume *Fluss*
flash *Blitzlicht*
foglio *Blatt*
fondo *tief*
fondo (in) *hinten*
forbici (Pl. f) *Schere*
forchetta *Gabel* **61**
formaggio *Käse* **53**
forse *vielleicht*
fortuna *Glück*
fortunato, essere *Glück haben*
forza *Kraft*
forza, per *notwendigerweise, unbedingt*
foschia *Dunst*
fotografare *fotografieren*
fra *in (zeitlich), zwischen, unter*
fragole *Erdbeeren*
francobollo *Briefmarke*
fratello *Bruder*
frattura *Bruch*
freddo *kalt*
fretta *Eile*
frigorifero *Kühlschrank*
fritto *gebacken*
frutta *Obst*
frutti di mare *Meeresfrüchte*
frutto *Frucht*
fumare *rauchen*
funghi *Pilze*
funzionare *funktionieren* **97**
fuoco *Feuer*
furto *Diebstahl*
futuro *Zukunft*

G

gabinetto *Toilette*
galleria *Tunnel, Galerie*
gamba *Bein* **93**
gasolio *Diesel*
gassato *mit Kohlensäure*
gelateria *Eisdiele*
gelato *Eis* **61**
gelo *Frost*
gelosia *Eifersucht*
geloso *eifersüchtig*
genitori (m, Pl.) *Eltern*
gennaio *Januar*
gente (Sg. f) *Leute*
gentile *nett*
Germania *Deutschland* **21**
gettone *Telefonmünze*
già *schon*
giacca *Jacke*
giallo *gelb*
giardino *Garten*
ginocchio (Pl. ginocchia) *Knie*
giocare *spielen*

gioco *Spiel*
gioia *Schatz, Freund*
giornale *Zeitung*
giornalista (m+f) *Journalist/in*
giornataccia *schlechter Tag*
giorno *Tag* **35**
giovane *jung*
giovanotto *junger Mann*
giovedì (m) *Donnerstag* **79**
girare *drehen, wenden* **39**
giro *Rundfahrt* **42**
giro della città *Stadtrundfahrt*
giro, in – *unterwegs*
giro, prendere in – *auf den Arm nehmen*
gita *Ausflug*
giù *unten*
giugno *Juni*
giurare *schwören*
giustificare *rechtfertigen*
giusto *richtig, passend* **75**
gli *die / ihm*
goccia *Tropfen*
gocciolante *tropfend*
godere *genießen*
gola *Hals*
golfo *Golf*
gondola *Gondel*
gonna *Rock* **75**
grado *Grad*
grammo *Gramm*
grande *groß* **57**
grandi magazzini (m, Pl.) *Kaufhaus*
grandine *Hagel*
grappa *Branntwein*
grassona *dicke Frau*
gratis *umsonst*
gratitudine *Dankbarkeit*
grattugiato *gerieben*
gratuito *kostenlos*
grave *schlimm*
grazie *danke* **17**
grazie mille *tausend Dank* **35**
gridare *schreien*
grigio *grau*
grotta *Grotte*
gruppo *Gruppe*
guadagnare *verdienen*
guardare *schauen*
guardarsi da *sich hüten vor*
guida *Reiseführer*
gusto *Geschmack, Freude*
gustoso *schmackhaft* **73**

H

hotel (m) *Hotel*

I

idea *Idee*
idiota (m+f) *Idiot / in*
idraulico *Klempner*
ieri *gestern*
il, la *der, die* **21**
imbarazzo, mettere in – *in Verlegenheit bringen*
imbarco *Anlegestelle*
imparare *lernen*
impazientemente *ungeduldig*
impazzire *verrückt werden*
impegno *Verpflichtung*
impermeabile *Regenmantel*
impiegato, impiegata *Angestellter, Angestellte* **21**
impiego *Beschäftigung, Anstellung*
importante *wichtig*
improvviso *plötzlich*
in *im, in* **21**
inaspettato *unerwartet*
incidente *Unfall* **89**
incominciare *anfangen*
incontrare *treffen*
incrocio *Kreuzung* **39**
indigestione *Magenverstimmung*
indirizzo *Adresse*
indovinare *raten*
industria *Industrie*
infanzia *Kindheit*
infatti *tatsächlich*
infermiere / a *Krankenpfleger / in*
influenza *Erkältung* **93**
informazione *Information*
inglese *englisch*
ingrassato *zugenommen (fett geworden)*
ingresso *Eingang, Eintritt*
innamorato di *verliebt in*
innanzi tutto *vor allem*
innocente *unschuldig*
inquinamento *Verschmutzung*
insalata *Salat* **57**
insalata mista *gemischter Salat* **57**
insegnante (m+f) *Lehrer / in*
insieme *zusammen*
intanto *inzwischen*
intelligente *intelligent*
invitare *einladen*
invito *Einladung*
io *ich*
irresistibile *unwiderstehlich*
isola *Insel*
Italia *Italien* **21**
italiano *italienisch, Italiener* **21**

L

là *da, dort, dorthin*
la *sie*
là dentro *darin*
lacrima *Träne*
lago *See*
lana *Wolle*
largo (Pl. larghi) *weit, groß* **75**
lasciare *lassen*
lasciare in pace *in Frieden lassen*

latte *Milch*
laurea *Examen, Doktorarbeit*
laurearsi *Examen machen*
lavare *waschen*
lavorare *arbeiten* **21, 35**
lavori in corso *Bauarbeiten*
le *sie* **(Akk. Pl. f),** *ihr* **(Dat. Sg.)**
legale *gesetzlich*
legge (f) *Gesetz, Recht, Gebot*
leggere *lesen*
leggero *leicht*
Lei *Sie (höfl. Anrede)* **21**
lei *sie* **(3. P. Sg.)**
lento *langsam*
lesso *gekocht*
lettera *Brief*
letto *Bett* **35**
letto matrimoniale *Doppel-, Ehebett* **35**
lezione (f) *Lektion, Unterrichtsstunde*
lì *dort*
li *sie* **(Akk. Pl. m)**
liberare *befreien*
libero *frei* **53**
libertà *Freiheit*
libretto della macchina *Kraftfahrzeugbrief*
libro *Buch*
licenziamento *Kündigung*
licenziare *entlassen, kündigen*
liceo *Gymnasium*
limite della velocità *Geschwindigkeits-höchstgrenze* **89**
limonata *Limonade*
limone *Zitrone*
linea *Linie*
lingua *Sprache, Zunge*
liquore *Likör*
lira *Lire*
lista dei prezzi *Preisliste*
litigare *streiten*
litigio *Streit*
litro *Liter*
locale (m) *Nahverkehrszug*
lontano *weit* **39**
lontano da *weit weg von* **39**
luglio *Juli*
lui *er*
lunedì *Montag* **79**
lungo *lang*
luogo di nascita *Geburtsort*

M

ma *aber*
macchia *Fleck* **24**
macchiato *Espresso mit etwas Milch* **24**
macchina *Auto*
macedonia *Obstsalat*
macelleria *Fleischerei*
madre (f) *Mutter*
magari *vielleicht*
magazzini *Kaufhäuser*
maggio *Mai*
maglieria *Strickwaren*
magnifico *großartig*
magro *mager*
maiale *Schwein*
mal di dente *Zahn-schmerzen*
mal di gola *Halsschmerzen* **93**
mal di stomaco *Magenschmerzen*
mal di testa *Kopfschmerzen*
malato *krank*
malattia *Krankheit*
male *schlecht* **17**
maledetto *verflucht*
mamma *Mama*
mancare *fehlen*
mancia *Trinkgeld* **61**
mangiare *essen* **53**
manica *Ärmel*
mano (f), le mani (Pl.) *Hand, Hände* **97**
manzo *Rind*
marciapiede *Bürgersteig*
marco *Mark*
mare *Meer*
marito *(Ehe-)Mann*
marmellata *Marmelade*
marrone *braun*
martedì *Dienstag* **79**
marzo *März*
matita *Bleistift*
matrimoniale *Ehe-, ehelich* **35**
mattina *Morgen*
mattina, di *morgens* **25**
maturo *reif*
mazzetta *Geldbündel (zur Bestechung)*
mazzo *Strauß*
medicina *Medizin*
medico *Arzt*
meglio *besser*
mela *Apfel* **73**
melanzane *Aubergine*
meno *weniger* **25**
menu *Menü, Speisekarte* **53**
meraviglia *Wunder*
mercato *Markt*
mercoledì *Mittwoch* **79**
merluzzo *Kabeljau*
mese *Monat*
metro *Meter*
metropolitana *U-Bahn*
mettere *setzen, stellen, legen*
e mezza (ora) *und eine halbe Stunde* **25**
mezza pensione *Halbpension*
mezzanotte *Mitternacht* **25**
mezzo *halb*
mezzogiorno *Mittag, Süden* **25**
mezz'ora *halbe Stunde*
mi *mich* **21**

mi serve *ich brauche* **79**
mica *(doch) wohl*
migliorare *verbessern*
miliardo *Milliarde* **42**
milione *Million* **42**
mille *tausend* **42**
minestra *Suppe*
minestrone *Gemüseeintopf*
minuto *Minute* **25**
mio *mein* **21**
misura *Größe*
mittente *Absender*
moderato *schwach*
modo, in questo *auf diese Weise*
modulo *Formular*
moglie *(Ehe-)Frau*
molto *sehr, viel*
momento *Moment, Augenblick*
mondo *Welt*
moneta *Münzgeld* **79**
montagna *Gebirge*
monte *Berg*
mortadella *Schinkenwurst*
morte (f) *Tod*
morto *tot*
moscone *Tretboot*
mostra *Ausstellung*
municipio *Rathaus*
muovere *bewegen*
muro *Mauer*
muscoloso *muskulös*
museo *Museum*

N

nascere / nato *geboren werden / geboren*
naso *Nase*
naturalmente *natürlich*
nausea *Übelkeit*
nave *Schiff*
nazionalità *Staatsangehörigkeit*
nè *und nicht, auch nicht*
nè voi nè noi *weder ihr noch wir*
ne *davon, darüber, von dort, von hier*
ne mancano cinque *es fehlen fünf*
nebbia *Nebel*
necessario *notwendig*
negozio *Geschäft* **73, 11**
nel, nello, nella *in*
nero *schwarz* **75**
nervoso *nervös*
nessuno *niemand*
neve *Schnee*
niente *nichts*
nipote (m+f) *Nichte, Neffe, Enkel / in*
no *nein*
noi *wir*
noia *Langeweile*
noioso *langweilig*
noleggio *Verleih*
nome *Name, Vorname* **21**
non *nicht* **35**, *kein*
non ... mai *niemals*
non ... nemmeno *nicht einmal*
non ... niente *nichts*
non ... più *nicht mehr*
non c'è male *nicht schlecht*
non c'entra *das spielt keine Rolle*
non ne va bene una *es klappt nicht*
non va *(es) geht nicht* **97**
nonna *Großmutter*
nonno *Großvater*
nord (m) *Norden*
normale *normal*
normalmente *normalerweise*
notare *bemerken*
notizia *Nachricht*
notizie (Pl., f) *Neuigkeiten*
notte *Nacht*
nove *neun* **25**
novembre *November*
novità *Neuigkeit*
nozze, viaggio di *Hochzeitsreise*
nulla *nichts*
numero *Nummer, Größe* **25**
numero di codice *Postleitzahl*
nuotare *schwimmen*
nuovo *neu* **75**
nuvole, cadere dalle *aus allen Wolken fallen*
nuvolosità *Bewölkung*
nuvoloso *wolkig*

O

o *oder*
o ... o *entweder ... oder*
obbligatorio *obligatorisch*
occhiali *Brille*
occhiali da sole *Sonnenbrille*
occhio *Auge*
occorrere *nötig sein, brauchen*
occupare *besetzen*
occuparsi di *sich beschäftigen mit, sich kümmern um*
occupato *besetzt*
odiare *hassen*
odore (m) *Geruch, Duft*
offerta speciale *Sonderangebot*
offeso *beleidigt*
officina *Werkstatt*
offrire *spendieren, anbieten*
oggi *heute*
ogni *jede / r / s*
ogni tanto *manchmal*
olio *Öl* **61**
oliva *Olive*
ombra *Schatten*
ombrello *Regenschirm*
ombrellone (m) *Sonnenschirm*

onorato *geehrt*
onesto *ehrlich*
opera *Oper*
opera d'arte *Kunstwerk*
oppure *oder*
opuscolo *Prospekt*
ora *Stunde* **25**
orario *Fahrplan, Flugplan, Öffnungszeiten*
ordinare *bestellen*
ordinare di *befehlen zu*
ordine (m) *Befehl, Ordnung*
orecchio *Ohr*
orologio *Uhr*
ospedale *Krankenhaus*
ospitalità *Gastfreundschaft*
ospite (m+f) *Gast*
osservare *beobachten*
ostello della gioventù *Jugendherberge*
osteria *Gast-, Wirtshaus*
ottimo *ausgezeichnet*
otto *acht* **25**
ottobre *Oktober*
ovest *Westen*

P

pacchetto *Schachtel*
pacco (Pl. pacchi) *Paket*
pace (f) *Friede*
pace, fare – *Frieden schließen*
pace, lasciare in – *in Frieden lassen*
padre (m) *Vater*
paese *Land, Gebiet, Dorf*
pagare *zahlen* **79**
paio *Paar, paar*
palazzo *großes Wohnhaus, Palast*
palestra *Turnhalle*
pallido *blass*
pancia *Bauch*
pane (m) *Brot* **61**
pane e coperto *Brot und Gedeck* **56**
pane integrale *Vollkornbrot*
panetteria *Bäckerei*
panettone *Weihnachtsspezialität in Italien*
panino *Brötchen* **60**
panna *Sahne*
pantaloni *Hose*
papa *Papst*
papà *Papa*
parcheggio *Parkplatz* **89**
parente (m+f) *Verwandte / r*
parlare *sprechen*
parmigiano *Parmesankäse*
parola *Wort, Sprache*
parrucchiere *Damenfriseur*
parte *Seite, Teil*
partecipare *teilnehmen*
partenza *Abfahrt, Abflug* **43**
partire *abfahren* **43**
partita *(Fußball-)Spiel*
Pasqua *Ostern*
passagio *Mitfahr(t)gelegenheit*
passaporto *Reisepass* **35**
passare *vorbeikommen*
passo *Pass*
pasta *Nudeln, Teig*
pastasciutta *Nudelgericht*
pasticceria *Café*
pasticcini *Gebäck*
pastiglia *Tablette, Lutschbonbon* **93**
pasto *Speise, Mahlzeit*
patate *Kartoffeln*
patate fritte *Pommes frites*
patente *Führerschein*
padrone *(Haus-)Herr* **60**
paura *Angst*
pazienza! *Geduld!*
pazzo *verrückt / Narr*
peccato! *schade!*
pecorino *Schafskäse*
pedaggio *Straßenbenutzungsgebühr* **42**
pelato *geschält*
pelle (f) *Haut*
pellicola *Film*
pena, valere la *der Mühe wert sein, sich lohnen*
pene *Penis*
penna *(Schreib-)Feder, Nudelart*
pensarci *daran denken*
pensare *denken*
pensiero *Gedanke, Meinung*
pensione (f) *Pension, Rente*
pensione completa *Vollpension*
pepe *Pfeffer*
peperone *Paprika*
per *nach* **35, 43**
per favore *bitte* **35**
per niente *überhaupt nicht*
per quanto tempo? *für wie lange?*
pera *Birne*
perchè *warum, weil*
perdere *verlieren*
perdita *Verlust, Schaden*
pericolo *Gefahr*
permesso? *ist es erlaubt?* **35**
però *aber, allerdings* **79**
perso *verloren*
personale, capo *Personalchef*
personalmente *persönlich*
pesante *schwer, plump*
pesca *Pfirsich*
pescare *angeln*
pesce *Fisch* **53**
pescheria *Fischgeschäft*
peso *Gewicht*
pettegolezzi (Pl.) *Klatsch*
pettinare *kämmen*
petto *Brust*
pezzo *Stück, Teil, Weise*

piacere *Gefallen, gefallen* 35, *angenehm* 21
piano *Stockwerk, Klavier*
pianta della città *Stadtplan*
pianura *Ebene*
piatto *Teller, Gang* 53
piatto del giorno *Tagesgericht*
piazza *Platz* 39
piazza, in – *auf dem Platz* 39
piazzale *Platz*
piccante *scharf gewürzt*
piccolo *klein* 57
piede *Fuß* 39, 93
pieno *voll*
pila *Batterie*
pioggia *Regen*
piovere *regnen*
piscina *Schwimmbad*
piselli *Erbsen*
pittura *Malerei*
più *mehr*
più o meno *mehr oder weniger*
più tardi *später*
piuttosto *vielmehr, eher*
po *bisschen*
poco *wenig*
poi *dann* 39
polenta *Maisbrei*
politica *Politik*
polizia *Polizei*
polizia stradale *Verkehrspolizei*
pollo *Huhn*
pollo novello *Hähnchen*
polvere *Staub, Pulver*
pomata *Salbe*
pomeriggio *Nachmittag*
pomodoro *Tomate* 73
ponte *Brücke, Deck*
popolo *Volk, Nation*
porca miseria! *verdammter Mist!*
porta *Tür*
portabagagli *Kofferraum*
portacenere *Aschenbecher*
portafoglio *Brieftasche*
portare *tragen* 57
porto *Hafen*
possibile *möglich*
posso? *kann ich?* 35
posta *Post*
postino *Briefträger*
posto *Sitzplatz*
posto letto *Schlafplatz* 35
potere *können* 75
povero *arm*
pranzo *Mittagessen* 53
pratico (essere) *sich auskennen*
precedenza *Vorfahrt* 89
preferire *lieber mögen, bevorzugen*
preferisco *ich mag lieber* 57
prefisso *Vorwahl*
pregare *bitten*
prego *bitte* 35
prendere *nehmen* 53
prenotare *vorbestellen*
prenotazione *Vorbestellung*
preoccuparsi *sich sorgen um*
preparare *vorbereiten, zubereiten*
prescritto *verschrieben*
prescrivere *verschreiben*
presentare *vorstellen*
presente *gegenwärtig*
presto *früh, schnell*
presuntoso *angeberisch, aufgeblasen*
previsioni del tempo *Wettervorhersage*
prezioso *kostbar*
prezzo *Preis* 73
prima *vor* 25, *erster, erste* 39, *zuerst*
prima colazione *Frühstück*
primavera *Frühling*
primo piatto *erster Gang* 53
problema (m) *Problem*
processione (f) *Prozession*
produrre *produzieren*
professione *Beruf*
professore *Lehrer, Professor* 21
professoressa *Lehrerin, Professorin* 21
profondità *Tiefe*
profondo *tief*
progetto *Plan, Projekt*
pronto *fertig*
pronto *hallo (am Telefon)*
pronto soccorso *erste Hilfe*
proporre *vorschlagen*
proposito, a – *übrigens*
proposta *Vorschlag*
proprio *gerade, wirklich, eigen*
proprio dietro *direkt dahinter* 89
prosciutto *Schinken* 53
prossimo *nächster* 39
prova *Versuch, Probe, Beweis*
provare *probieren*
provenienza *Herkunft*
proverbio *Sprichwort*
provvisorio *provisorisch*
pubblico *öffentlich*
pullman *Reisebus* 43
punto *Punkt*
punto di vista *Gesichtspunkt*
punto, in – *pünktlich, Punkt* 25
pure *nur / doch*
purtroppo *leider*

Q

qua *hier*
quaderno *Heft*
quadro *Gemälde*
qualche *einige, ein paar*

qualcosa *etwas* 25, 53
qualcuno *jemand*
quale? *welche / r / s?*
quando *wann* 25, 43
quanto *wieviel* 43
quarto *Viertel* 25
quarto d'ora *Viertelstunde*
quasi *quasi, fast*
quattro *vier* 25
quello *jener* 75
questione (f) *Frage*
questo *dieser* 75
questura *Polizeipräsidium* 97
qui *hier* 35, 39
qui vicino *hier in der Nähe* 39
quotidiano *täglich*
quotidiano *Tageszeitung*

R

raccolta *Sammlung*
raccomandare *empfehlen*
raccomandata *Einschreiben*
raccomandazione *Empfehlung*
raccontare *erzählen*
ragazza *Mädchen*
ragazzi *junge Leute*
ragazzo *Junge*
ragione *Vernunft, Grund, Ursache, Recht*
rallentare *langsamer werden*
rapido *schnell*
rapido *Fernschnellzug*
rapporto *Beziehung*
rasoio *Rasierapparat*
razzista *Rassist*
realizzare *realisieren*
realtà *Wirklichkeit*
regalo *Geschenk*
regionale *regional*
regione *Region*
regola *Regel*
regolarmente *regelmäßig*
rendersi conto di *sich klarmachen*
residenza *Wohnsitz*
restare *bleiben* 93
resto *Rest*
ricco *reich*
ricchezza *Reichtum*
ricetta *Rezept*
ricevuta *Quittung* 79
richiesta *Nachfrage*
riconoscere *erkennen, anerkennen*
ridere *lachen*
riduzione *Ermäßigung* 24
rilassarsi *sich entspannen*
rimandare *verschieben*
rimanere *bleiben*
riparare *reparieren, ausbessern*
ripetere *wiederholen* 57
riposarsi *sich erholen*
risate, farsi delle *heftig lachen*
riso *Reis*
risolto *gelöst*
risotto *Reisgericht* 53
rispettare *einhalten, respektieren*
risposta *Antwort*
ristorante *Restaurant*
ritardo *Verspätung*
ritirare *holen, abholen*
ritorno *Rückkehr, Rückfahrt*
riunirsi *sich versammeln*
riuscire a *es schaffen*
riuscito *gelungen*
rivedersi *sich wiedersehen*
rivista *Illustrierte*
rivolgersi a *sich wenden an* 97
rompere *zerstören, zerbrechen*
rompere le scatole *auf die Nerven gehen*
rosso *rot* 57
rosso sfuso *offener Rotwein*
rottura *Nervensäge*
rubare *stehlen*
ruota *Rad*
rurale *ländlich*
Russia *Russland*
russo *russisch*

S

sabato *Samstag* 79
sabbia *Sand*
sacco *Sack, Unmenge*
sacco di soldi *Menge Geld*
sacramento *Sakrament*
sala da pranzo *Speisesaal*
sala per colazioni *Frühstücksraum*
salame *geräucherte Wurst*
salare *salzen*
salato *gesalzen, witzig*
saldi *Schlussverkauf*
sale *Salz*
salotto *Wohnzimmer*
salsa *Soße*
saltimbocca (Pl., m) *Kalbfleischscheibe*
salutare *grüßen*
salute *Gesundheit* 93
saluto *Gruß*
salve *hallo, grüß euch*
santo in paradiso *Schutzheiliger*
sapere *wissen*
sapone *Seife*
sardella *Sardelle*
sbagliare *Fehler machen, sich irren*
scacchi *Schach*
scala *Treppe*
scaloppina *Schnitzel*
scappare *abhauen, flüchten*
scarpe *Schuhe*
scatola *Schachtel*
scelta *Wahl*
scendere *aussteigen*
scerzare *scherzen*

schiena *Rücken*
scialle (m) *Schal*
sciare *skifahren*
sciocchezza *Dummheit*
scioperare *streiken*
sciopero *Streik*
scompartimento *Abteil*
sconto *Preisnachlass* **21, 10, 73**
scontrino *Quittung*
scopa *Besen*
scoperta *Entdeckung*
scoppiare *explodieren*
scoprire *entdecken*
scordarsi *vergessen*
scorso *vergangen*
scottare *(ver)brennen*
scottatura solare *Sonnenbrand*
scritto *geschrieben*
scrivere *schreiben*
scuola *Schule*
scusa *entschuldige* **35**
scusi *entschuldigen Sie* **35**
se *falls*
se no *falls nicht, andernfalls, sonst*
secondo piatto *zweiter Gang* **53**
sedere (m) *Hintern*
sedersi *sich setzen*
sedia *Stuhl*
sedia a sdraio *Liegestuhl*
sedurre *verführen*
segretaria *Sekretärin*
segreteria telefonica *Anrufbeantworter*
sei *sechs* **25**
semaforo *Ampel* **39**
semplice *einfach*
sempre *immer* **39**
seno *Busen*
senso *Sinn, Bedeutung, Richtung*
senso unico *Einbahnstraße*
senti! *hör mal, pass mal auf!*
sentire *hören*
sentirsi *sich fühlen*
senza *ohne*
separare *trennen*
sera *Abend*
serata *Abend*
sereno *heiter*
serio *ernst(haft), zuverlässig*
servire *nützen, dienen, brauchen* **79**
servirsi *sich bedienen*
servizio *Dienst*
seta *Seide*
sete *Durst*
sette *sieben* **25**
settembre *September*
settimana *Woche*
settimana santa *Karwoche*
settore *Gebiet*
sfogliare *blättern*
sfortunato *Pechvogel*
sì *ja* **21**
si *sich* **21**
si accomodi *Platz zu nehmen* **53**
si fa *man macht* **73**
si fa giorno *es wird Tag* **73**
si gira *man wendet (sich)* **39**
si va *man geht* **39**
sicuramente *sicher*
sigaretta *Zigarette*
sigaro *Zigarre*
signora *Frau* **21**
signore *Herr* **21**
signorina *Fräulein*
silenzio *Schweigen, Stille, Ruhe*
sinistra *links* **39**
sinistra *die Linke*
sintomo *Symptom*
sistema *System*
sistemarsi *unterkommen*
slavo *slavisch*
smettere *aufhören*
smettila! *hör auf damit!*
snello *schlank*
soccorso stradale *Pannenhilfe*
socialista *Sozialist*
società *Gesellschaft*
soffrire *leiden*
soggiorno *Aufenthalt*
sogliola *Seezunge*
soldi (Pl.) *Geld*
sole *Sonne*
solito, di *für gewöhnlich*
solo *nur, allein* **35**
sonniferi *Schlafmittel*
sopportare *ertragen*
sopra *über*
soprattutto *vor allem*
sorpresa *Überraschung*
sorella *Schwester*
sottana *Rock*
sotto *unten*
spalle *Schultern*, **alle – di qualcuno** *hinter dem Rücken von jemandem*
spaventarsi *sich erschrecken*
spaventoso *schrecklich*
spazzolino da denti *Zahnbürste*
spedire *schicken*
sperare *hoffen*
spesa *Einkauf*
spesso *oft*
spettacolo *Vorstellung* **20**
spiaggia *Strand*
spiccioli *Kleingeld*
spinaci *Spinat*
spingere *drücken*
sportello *Schalter*
sposarsi *heiraten*
spremuta *ausgepresster Saft*
spudorato *unverschämter Kerl*
spumante *Sekt*
squillare *läuten (Telefon)*
squisito *ausgezeichnet*
stabilirsi *entstehen, sich niederlassen*

stagione *Saison*, **alta –** *Hochsaison*
stamattina *heute morgen*
stampa *(Buch-)Druck, Presse*
stanchezza *Müdigkeit*
stanco *müde*
stanotte *heute Nacht*
stanza *Zimmer*
stare *sich befinden, sein*
stare attento *aufpassen*
stasera *heute Abend*
stato *gewesen*
stato *Staat*
statua *Statue*
stazione centrale *Hauptbahnhof* **43**
stazione di servizio *Tankstelle*
stesso *selbst, gleich*
stomaco *Magen*, **avere lo – delicato** *einen empfindlichen Magen haben*, **stare sullo –** *auf dem Magen liegen*
storia *Geschichte*
strada *Straße* **39**
straniero *ausländisch*
strano *fremd*
stress *Stress*
stretto *eng*
strusciare *umherstreifen, schmeicheln* **20**
struscio *Herumschlendern* **20**
studente *Student* **21**
studentessa *Studentin* **21**
studio *Studium, Praxis, Kanzlei*
stupido *dumm, Dummkopf*
sù *auf, im*
subito *sofort* **61**
successo *Erfolg*
succo di frutta *Fruchtsaft*
succo di mele *Apfelsaft*
succo di pomodori *Tomatensaft*
succo d'uva *Traubensaft*
sud *Süden*
sugo *Soße*
suonare *klingeln, läuten, klingen*
superare *überschreiten, überwinden* **89**, *überholen*
superiore *oberer, höher (als), überlegen*
superiore *Vorgesetzter*
supermercato *Supermarkt*
supplemento *Zuschlag*
svantaggio *Nachteil*
Svizzera *Schweiz*

T

tabaccaio *Tabakladen*
tabaccheria *Tabakladen*
tabacco *Tabak*
tacchino *Truthahn*
taglia *Größe*
tagliare *schneiden*
tangente *Schmiergeld*
tanti auguri! *alles Gute!*
tanto *viel* **53**
tardi *spät*
tariffe passeggeri *Personentarife*
tasca *Tasche*
tasche piene, avere le – *die Nase voll haben*
tassa *Steuer*
tassa d'imbarco *Flughafengebühr*
tavola *Tisch*
tavola calda *Imbissstube*
tazza *Tasse*
te *dich*
tè *Tee*
teatro *Theater*
tedesca *Deutsche* **21**
tedesco *Deutscher* **21**
telefonare *telefonieren*
telefono *Telefon* **25**
telegramma *Telegramm*
tempio *Tempel*
tempo *Wetter, Zeit*
tempo, in – *rechtzeitig*
tempo libero *Freizeit*
temporale *Gewitter*
tentare *versuchen, reizen*
terra *Erde*
terrazza *Terrasse*
terribile *schrecklich*
tesoro *Schatz*
tessuto *Stoff*
testa *Kopf*
testimone *Zeuge* **89**
tetto *Dach*
ti *dich* **21**
tipico *typisch*
tipo *Typ, von der Art*
tirare *ziehen*
toccare *anfassen, berühren*
tonno *Thunfisch*
tornare *zurückkehren*
torre *Turm*
torta *Torte, Kuchen* **61**
tortellini *Teigringe*
totocalcio *Fußballtoto* **24**
tovagliolo *Serviette*
tra *zwischen*
traghetto *Fähre*
tram (m) *Straßenbahn*
tramezzini *Weißbrotschnitten*
trasmissione (f) *Übertragung*
trattare *be-, verhandeln*
trattarsi di *handeln um*
trattoria *Gaststätte*
treno *Zug*
treno diretto *Eilzug*
treno espresso *D-Zug*
treno locale *Nahverkehrszug*
treno rapido *Schnellzug*
triste *traurig*
troppo *zu (sehr)* **73**
trovare *finden*
trovarsi *sich befinden*
trucco *Trick*

tu *du*
tua *dein / e*
tuono *Donner*
turismo *Tourismus*
turista (m+f) *Tourist*
tutti e due *alle beide*
tutto *alles*

U

uccello *Vogel*
ufficio *Büro*
ultimo *letzte / r / s*
umore (m) *Stimmung, Laune*
un, una *ein, eine* **39**
un po *ein wenig* **39**
unico *einzige / r / s*
unità sanitaria locale *örtliche Gesundheitsbehörde*
uomo *Mann*
uovo *Ei*
usato *gebraucht, abgenutzt*
uscire *ausgehen*
uscita *Ausfahrt, Ausgang*
uso *Gebrauch*
uva *Weintrauben*

V

va bene *(geht) in Ordnung* **35**
vacanze (Pl) *in Ferien*
vado *ich gehe*
vagina *Vagina*
vagone *Waggon, Eisenbahnwagen*
valido *gültig, wertvoll*
valigia *Koffer*
valle (f) *Tal*
valori bollati *Wertmarken*
vanitoso *eitel*
variabile *veränderlich*
vedere *sehen* **75**
vedersi *sich sehen*
vegetariano *Vegetarier*
veicolo *Fahrzeug*
veloce *schnell*
velocità *Geschwindigkeit* **89**
vendere *verkaufen*
venerdì *Freitag* **79**
venire *kommen*
venire a prendere *abholen*
vento *Wind*
verbale *Protokoll* **89**
verde *grün* **75**
verdura *Gemüse*
vero *wahr, wirklich, nicht wahr?*
verso *gegen*
vestito *Kleid*
vetrina *Schaufenster, Auslage* **75**
vi *euch*
via *Straße* **39**
viaggio *Reise*
viale *Allee*
vicino a *in der Nähe von* **39**
vietato *verboten*
vigili urbani *Stadtpolizei*
vino *Wein* **57**
vino da tavola *Tafelwein*
vino di casa *Hauswein* **56**
visita guidata *Führung*
visitare *besichtigen*
viso *Gesicht*
visto *gesehen*
vitello *Kalb*
voce (f) *Stimme*
voi *ihr, Sie (Pl.)*
volentieri *gern*
volere *wollen* **75**
volere bene *lieb haben*
volo *Flug*
volontariato privato *Hilfsbereitschaft* **79**
volta *mal*
vorrei *ich hätte gerne, ich möchte* **35**
vulcano *Vulkan*

Z

zaino *Rucksack*
zattera *Floß*
zero *Null* **25**
zia *Tante*
zio *Onkel*
zona archeologica *archäologische Zone*
zucca *Kürbis*
zucchero *Zucker*
zuppa *Suppe*

Wörterbuch

Dieses Wörterbuch enthält rund 2000 gebräuchliche Wörter darunter alle, die bisher verwendet wurden. Die Zahl hinter dem Wort zeigt an, auf welcher Seite es zum ersten Mal erscheint.
Hauptwörter auf **-o** sind immer männlich, haben also den Artikel **il** oder **uno**. Hauptwörter auf **-a** sind immer weiblich, haben den Artikel **la** oder **una**. Substantive, deren Geschlecht sich nicht an der Endung erkennen lässt, sind mit **(m)** für maskulin und **(f)** für feminin gekennzeichnet. **(Pl.)** zeigt den Plural, **(Sg.)** den Singular an.

Deutsch – Italienisch

A

Abend *sera*, **-essen** *cena* **53, zu – essen** *cenare*
Abenteuer *avventura*
aber *ma*
abfahren *partire* **43**
Abfahrt, Abflug *partenza* **43**
abgeben *consegnare*
abgemacht *affare fatto*
abgepackt *confezionato*
Abhängigkeit von staatlicher Unterstützung *assistenzialismo*
abholen *venire a prendere*
abrechnen *fare i conti*
absagen *disdire*
Absender *mittente*
Abteil *scompartimento*
acht *otto* **25**
Achtung *attenzione*
Adresse *indirizzo*
Ägypten *Egitto*
akzeptieren *accettare*
Allergie *allergia*
alles *tutto*
also *allora* **53**
alt sein (Jahre haben) *avere ... anni*
Alter *età*
Ampel *semaforo* **39**
Amt *ente*
an *a* **17**
anbieten *offrire*
anderswo(hin) *altrove*
anfangen *incominciare*
angeberisch *presuntuoso*
angeln *pescare*
angemessen *adatto*
angenehm *piacere* **21**
angeschaltet *acceso*
Angestellte/-r *impiegata/-o* **21**
Angst *paura*
ankommen *arrivare* **43**
Ankunft *arrivo* **43**
Anlegestelle *imbarco*
annehmen *accettare*
Anrufbeantworter *segreteria telefonica*
anschalten *accendere*
ansonsten *altrimenti*
Anstellung *impiego*
anstrengen (sich) *darsi da fare*
Anzeige *(bei der Polizei) denuncia, (in der Zeitung) annuncio*
anzünden *accendere*
Aperitif *aperitivo*
Apfel *mela* **71, -saft** *succo di mele*
Apotheke *farmacia* **93**
Appetit *appetito*
April *aprile (m)*

arbeiten *lavorare* **21, 35**
Arbeit *lavoro,* **-samt** *ufficio di collocamento,* **-ssuche** *cerca di lavoro*
Archiv *archivio*
arm *povero*
Arm, auf den – nehmen *prendere in giro*
Ärmel *manica*
Art ... *tipo ...*
Artischocke *carciofo*
Arzt *medico*
Aschenbecher *portacenere*
Aspirin *aspirina* **93**
Aubergine *melanzane*
auch *anche* **61, – nicht** *nè*
Aufenthalt *soggiorno*
Aufgabe *compito*
aufgeregt *emozionato*
aufhören *smettere*, **hör auf damit!** *smettila!*
aufmerksam *attento*
Aufmerksamkeit *attenzione*
aufnehmen *accogliere,* **aufgenommen** *accolto*
aufpassen *stare attento*
aufregen (sich) *agitarsi*
Augenblick *attimo*
ausbessern *riparare*
Ausdruck *espressione*
Ausfahrt *uscita*
Ausflug *escursione, gita*
Ausgang *uscita*
ausgebucht *al completo* **25**
ausgezeichnet *eccellente, ottimo, squisito*
Ausgrabung *scavo*
Ausland *estero*
Ausländer, ausländisch *straniero*
ausschließlich *esclusivamente*
ausstellen *esporre*
Ausstellung *mostra, esposizione*
Auto *auto, macchina* **39, -bahn** *autostrada,* **-bus** *autobus* **43, -verleih** *autonoleggio*

B

Bäckerei *panetteria*
Bad *bagno*
baden *fare il bagno*
Banane *banana*
Bank *banca* **85**
Bar *bar*
bar, in – *in contanti* **79**
basierend auf *in base a*
Basilika *basilica*
Batterie *pila*
Bauch *pancia*
Baum *albero,* **-wolle** *cotone (m)*
Baustelle *lavori in corso*
Bauwerk *edificio*
bedeckt *coperto*
Bedeutung *senso*
bedienen (sich) *servirsi*
Bedingung *condizione*
beeilen (sich) *sprigarsi, fare presto* **71**
beenden *finire*
Befehl *ordine (m)*
befinden, sich – *stare*
begleiten *accompagnare*
beide *tutti e due*
beige *beige*
Beilage *contorno* **57**
Bein *gamba* **93**
Beispiel, zum – *per esempio*
Bekanntmachung *avviso*
Bekanntschaft *conoscenza*
Bekleidung *abbigliamento*
beleidigen *offendere,* **beleidigt** *offeso*
bemerken *notare*
benehmen (sich) *comportarsi*
Benzin *benzina*
beobachten *osservare*
Berg *monte,* **-steigen** *alpinismo*
beruhigen (sich) *calmarsi*
berühmt *famoso*
beschäftigen mit (sich) *occuparsi di*
Beschwerde *disturbo*
Besen *scopa*
besetzen *occupare,* **besetzt** *occupato*
besichtigen *visitare*
bestehen aus *consistere in*
bestellen *ordinare*
betrachten *considerare*
Bett *letto,* **Doppel-, Ehebett** *letto matrimoniale* **35**
bevorzugen *preferire* **57**
bewacht *custodito* **89**
bewegen *muovere,* **bewegt** *mosso*
Beweis *prova*
Bewölkung *nuvolosità*
bewundern *ammirare*
Beziehung *rapporto*
Bier *birra* **57**
bis *fino* **97, – morgen** *a domani* **17, – später** *a piú tardi* **17**
Biss, mit – *al dente*
bisschen *pò*
Bissen (großer) *boccone*
bitte *prego* **35, ich – dich!** *figurati!*
bitten *pregare*
blass *pallido*
Blatt *foglio*

blättern *sfogliare*
blau *blù* **75, himmel-** *azzurro*
bleiben *rimanere*
Bleistift *matita*
Blitzlicht *flash*
blockieren *bloccare*
blond *biondo*
Blume *fiore,* **-nkohl** *cavolfiore*
Bluse *camicetta*
Bogen *arco*
Bohnen *fagioli*
Boot *barca*
Botschaft *ambasciata*
Boulevard *corso*
Branntwein *grappa*
Braten *arrosto*
brauche (ich –) *mi serve* **79**
brauchen *occorrere*
braun *marrone*
bräunen (sich) *abbronzarsi*
brennen *bruciare*
Brief *lettera,* **-kasten** *uca delle lettere,* **-marke** *francobollo,* **-tasche** *portafoglio,* **-träger** *postino,* **-umschlag** *busta (da lettera)*
Brille *occhiali*
Brot *pane (m)* **61, – und Gedeck** *pane e coperto* **56**
Brötchen *panino* **62**
Bruch *frattura*
Brücke *ponte*
Bruder *fratello*
brummeln *brontolare*
Brust *petto*
Buch *libro*
Burg *castello*
Bürger *cittadino,* **-steig** *marciapiede*
Busen *seno*
Butter *burro,* **-hörnchen** *brioche* **24**

C

Cafeteria *caffè (m)*
Camping *campeggio*
charakteristisch *caratteristico*
Chef *capo,* **Büro-** *capo ufficio*
Cousin *cugino*
Cousine *cugina*
Creme *crema*

D

D-Zug *treno espresso*
da *là*
da ist *ecco* **35**
da sind *ci sono*
dabei sein *assistere*
Dach *tetto*
dahinter *dietro* **89**
Damenbinden *assorbenti*
Damenfriseur *parrucchiere*
danach, nach *dopo* **25**
Dankbarkeit *gratitudine*
danke *grazie* **17**
darin *là dentro*
Daten *dati* **89**
Datum *data*
Deck *ponte*
decken *(Tisch) apparecchiare*
dein/-e *tua*
Demonstration *contestazione (f)*
demonstrieren *contestare*
denken *pensare*
denken (daran) *pensarci*
der *il* **21**
derjenige *chi*
Deutsche/-r *tedesca/-o* **21**
Deutschland *Germania* **21**
Dezember *dicembre*
dich *te, ti* **21**
die *la* **21**
Diebstahl *furto*
Dienst *servizio*
Dienstag *martedì* **79**
Diesel *gasolio*
dieser *questo* **75**
direkt *diretto*
Direktor *direttore (m)*
doch *pure*
Doktor *dottore, medico,* **-arbeit** *laurea*
Dokument *documento* **97**
Dom *duomo*
Donner *tuono*
Donnerstag *giovedì (m)* **79**
Doppel-, Ehebett *letto matrimoniale* **35**
Doppelzimmer *doppia camera*
Dorf *paese*
dort *lì, là,* **-hin** *là*
Dose *barattolo*
dramatisch *drammatico*
drehen *girare* **39**
Druck *stampa*
du *tu*
Duft *odore (m)*
dumm, Dummkopf *stupido*
Dunst *foschia*
Durst *sete*
Dusche *doccia* **35**
Dutzend *dozzina*
duzen (sich) *darsi del tu*

E

Ebene *pianura*
Ecke *angolo* **39**
Ehe-, ehelich *matrimoniale* **35, -frau** *moglie,* **-mann** *marito*

ehemalig *ex*
eher *piuttosto*
ehrlich *onesto*
Ei *uovo*
Eifersucht *gelosia*
eifersüchtig *geloso*
eigen *proprio*
Eile *fretta*
Eilpost *espresso*
Eilzug *treno diretto*
ein anderer/-es *un altro*
ein wenig *un pò* **39**
ein, eine *un, una* **39**
Einbahnstraße *senso unico*
einfach *semplice*
Eingang *ingresso*
einige *alcuni, qualche*
Einkauf *acquisto, spesa*
einladen *invitare*
Einladung *invito*
Einschreiben *raccomandata*
einstellen *assumere*
Eintritt *entrata, ingresso,* **-skarte** *biglietto d'ingresso*
einverstanden *d'accordo*
Einwohnermeldeamt *anagrafe*
Einzelzimmer *camera singola*
einzige/-r /-s *unico*
Eis *gelato* **61, -becher** *coppa,* **-diele** *gelateria*
Eisenbahn *ferrovia* **42**
eitel *vanitoso*
elegant *elegante* **75**
Elektrizität *elettricità*
Eltern *genitori (m, Pl.)*
empfehlen *raccomandare*
Empfehlung *raccomandazione*
empfindlich *delicato*
Ende *fine (f)*
endlich *finalmente*
eng *stretto*
englisch *inglese*
Enkel/-in *nipote (m+f)*
enorm *enorme*
entdecken *scoprire*
Entdeckung *scoperta*
entlassen *licenziare*
entscheiden, sich – *decidersi,* **entschieden** *deciso*
entschuldigen *scusare* **35**
entstehen *stabilirsi*
enttäuscht *deluso*
Enttäuschung *delusione*
er ist *è* **21**
Erbsen *piselli*
Erdbeeren *fragole*
Erde *terra*
Erfahrung *esperienza*
erholen (sich) *riposarsi*
Erkältung *influenza* **93**
ernst(haft) *serio,* **ernst meinen** *dire sul serio*
Erntejahr *annata*
ertragen *sopportare*
erweisen (sich) *dimostrarsi*
es gibt *c'è* **17**
Essig *aceto* **61**
etwa *circa*
etwas *qualcosa* **25, 53**
eventuell *eventualmente*
Ewigkeit *eternità*
Examen *laurea,* **– machen** *laurearsi*
existieren *esistere*
explodieren *scoppiare*
extra *extra*

F

fabelhaft *favoloso*
Fahne *bandiera*
Fähre *traghetto*
Fahrkarte *biglietto* **43, -nschalter** *biglietteria*
Fahrplan *orario*
Fahrrad *bicicletta*
Fahrzeug *veicolo*
Fall *caso*
fallen *cadere*
falsch *falso*
Fälschungen *falsificazioni* **75**
Familienname *cognome (m)*
Farbe *colore (m)*
faszinierend *affascinante*
Februar *febbraio*
Fehler *errore* **61, – machen** *sbagliare*
feiern *festeggiare*
Fenchel *finocchio*
Fenster *finestra*
Ferien *vacanze (Pl.)*
fertig *pronto, confezionato*
fest *fermo*
Fest *festa,* **-mahl** *cenone (m),* **-tage (schöne –)** *buone feste*
Feuer *fuoco,* **-zeug** *accendino*
Fieber *febbre* **93**
Figur *figura* **20**
Filets *filetti*
Film *film*
Filter *filtro*
finden *trovare,* **wer suchet, der findet** *chi cerca trova*
Fisch *pesce* **53**
Fischgeschäft *pescheria*
Flasche *bottiglia* **57, -nöffner** *apribottiglia*
Fleisch *carne* **53, -erei** *macelleria*
Floß *zattera*
Flug *volo,* **-hafengebühr**

tassa d'imbarco, **-plan** *orario*, **-platz** *aeroporto* **43, -zeug** *aereo* **43**
Fluss *fiume*
Formular *modulo*
fotografieren *fotografare*
Frau *donna, femmina*
frei *libero* **53**
Freiheit *libertà*
Freitag *venerdì* **79**
Freizeit *tempo libero*
fremd *strano*
Fresko *affresco*
Freude *gioia*
Freund/-in *amico/-a*
Freundschaft *amicizia*
Friede *pace (f)*, **-n schließen** *fare pace*, **in – lassen** *lasciare in pace*
Friedhof *cimitero*
frieren *avere freddo*
fröhlich *allegro*
Fröhlichkeit *allegria*
Fruchtsaft *succo di frutta*
früh *presto*
Frühling *primavera*
Frühstück *colazione*, **frühstücken** *fare colazione*, **-sraum** *sala colazione*
fühlen (sich) *sentirsi*
Führung *visita guidata*
fünf *cinque* **25**
funktionieren *funzionare* **97**
Fuß *piede* **39, 98, zu –** *a piedi* **39**

G

Gabel *forchetta* **61**
Galerie *galleria*
Gang *piatto* **53, erster –** *primo piatto* **53**
Garten *giardino*
Gast *ospite (m+f)*, **-freundschaft** *accoglienza, ospitalità*, **-haus** *osteria*, **-stätte** *trattoria*
Gebäck *pasticcini*
gebacken *fritto*
geben *dare*
Gebiet *paese, settore*
Gebirge *montagna*
geboren werden *nascere*, **geboren** *nato*
Gebrauch *uso*
gebraucht *usato*
Geburt *nascita*, **-sdatum** *data di nascita*, **-sort** *luogo di nascita*, **-stag** *compleanno*, **-surkunde** *certificato di nascita*
Gedanke *pensiero*
Gedeck, gedeckt *coperto*
Geduld! *pazienza!*
geehrter, sehr – *egregio*
Gefahr *pericolo*
Gefallen *favore, piacere*
gefallen *piacere* **35**
Gefälligkeit *cortesia*
gefragt *chiesto*
gegen *contro, verso*
Gegenteil *contrario*
gegenwärtig *presente*
gehen *andare*
Gehen, los! *avanti*
geht in Ordnung *va bene* **35**
gelb *giallo*
Geld *denaro, soldi (Pl.)*, **– wechseln** *cambiare dei soldi* **79, -bündel** *(zur Bestechung) mazzetta*
gelöst *risolto*
gelungen *riuscito*
gemacht *fatto*
Gemälde *quadro*
gemäß *in base*, **-igt** *moderato*
gemein *cattivo*
Gemeinde *comune*
gemischt *misto* **57**
Gemüse *verdura*, **-eintopf** *minestrone*
genau *esattamente*
genießen *godere*
genug, es genügt *basta* **57**
genügen *bastare*
geöffnet *aperto*
Gepäck *bagaglio*, **-aufgabe** *consegna bagagli*
gerade *proprio*, **-aus** *diritto* **39**
gerieben *grattugiato*
Geruch *odore (m)*
gesagt *detto*
gesalzen *salato*
Geschäft *affare (m), negozio* **71, 11, -sfreund** *amico d'affari*, **-sreise** *viaggio d'affari*
geschält *pelato*
Geschenk *regalo*
Geschichte *storia*
geschlossen *chiuso*
geschrieben *scritto*
Geschwindigkeit *velocità* **89, -shöchstgrenze** *limite della velocità* **89**
gesegnet *benedetto*
gesehen *visto*
Gesellschaft *compagnia, società*, **– leisten** *fare compagnia*
Gesicht *faccia, viso*, **-spunkt** *punto di vista*
gestern *ieri*
Gesundheit *salute* **98**
Getränk *bevanda*
gewesen *stato*
Gewicht *peso*
gibt (es) *c'è* **17**
Glas *bicchiere* **57**

glauben *credere* 98
gleich *stesso*
Gleis *binario*
Glück *fortuna*, **– haben** *avere fortuna*, **-licher (du)!** *fortunato!*, **-wunsch** *augurio*
Golf *golfo*
Gondel *gondola*
Gott *Dio*
Grad *grado*
Gramm *grammo*, **100 –** *etto*
gratulieren *fare gli auguri*
grau *grigio*
groß *grande* 57, **-artig** *magnifico*
Größe *misura, taglia, numero* 25
Großmutter *nonna*
Großvater *nonno*
Grotte *grotta*
Grund *ragione*
grün *verde* 75, **-e Versicherungskarte** *carta verde*
Gruppe *gruppo*
Gruß *saluto*, **mit freundlichen Grüßen** *con distinti saluti*
grüß euch *salve*
grüßen *salutare*
gültig *valido*
günstig *favorevole* 79
Gurt *cintura*
gut *bene, buono* 17, **sehr –** *buonissimo*, **-en Abend** *buona sera* 17, **-en Tag** *buon giorno* 17
Gymnasium *liceo*

H

Haar *capello*
Hafen *porto*
Hähnchen *pollo novello*
halbe Stunde *mezz'ora*
Halbpension *mezza pensione*
hallo *salve, ciao* 17
Hals *gola*, **-schmerzen** *mal di gola*
Halt *alt*, **-estelle** *fermata*
Hand *mano (f)*, **-tuch** *asciugamano*, **-werk** *artigianato*
handeln um *trattarsi di*
Händler *commerciante*
hart *duro*
hassen *odiare*
Haus *casa* 57, **-herr** *padrone*, **-wein** *vino di casa* 56
Hause (zu) *a casa*
Haut *pelle (f)*
Heft *quaderno*
heiraten *sposarsi*
heißen *chiamare (si)* 21
heiter *sereno*
helfen *aiutare, dare una mano* 97
Hemd *camicia* 75
Herbst *autunno*
Herkunft *provenienza*
Herumschlendern *struscio* 20
Herzanfall *attacco cardiaco*
Herzschmerzen *dolori al cuore* 14
heute *ogg*, **– Abend** *stasera*, **– Morgen** *stamattina*, **– Nacht** *stanotte*
hier *qua*, **– in der Nähe** *qui vicino* 39, **– ist** *ecco* 35
Hilfsbereitschaft *volontariato privato* 79
Himmel *cielo*
hin und zurück *andata e ritorno* 43
Hinfahrt *andata* 43
hinten *fondo (m)*
hinter *dietro*
Hintern *sedere (m)*
hoch *alto*, **Hoch** *(Wetter) alta pressione*
Hochsaison *alta stagione*
hoffen *sperare*
holen *ritirare*
hör mal *senti!*
hören *sentire*
Hose *pantaloni*
Hotel *albergo, hotel (m)*
hübsch *carino*
Huhn *pollo*
Hund *cane*
hundert *cento*
Hunger *fame*
Hut *cappello*

I

ich *io*
Idee *idea*
Idiot/-in *idiota (m+f)*
ihr *(Dat. Sg.) le, (Pl.) voi*
immer *sempre* 39
in *(zeitlich) fra*
Industrie *industria*
Information *informazione*
Innenstadt *centro* 39, *centro città*
Insel *isola*
intelligent *intelligente*
inzwischen *intanto*
irren (sich) *sbagliare*
ist es erlaubt? *permesso?* 35
Italien *Italia* 21
italienisch, Italiener *italiano* 21

J

Jacke *giacca*

Jahrgang *annata*
Januar *gennaio*
jetzt *adesso*
Journalist *giornalista (m+f)*
Jugendherberge *ostello della gioventù*
jung *giovane*, **-er Mann** *giovanotto*
Juni *giugno*

K

Kabeljau *merluzzo*
Kaffee *caffè (m), espresso, cappuccino*
Kalb *vitello*
kalt *freddo*
Kamillen(-Tee) *camomilla*
Kamin *camino*
kämmen *pettinare*
kann ich? *posso?* **35**
Kanzlei *studio*
Karaffe *caraffa*
Karotte *carote*
Kartoffeln *patate*
Karwoche *settimana santa*
Käse *formaggio* **53**
Kasse *cassa*
Kassette *cassetta*
kaufen *comprare* **71**
Kaufhäuser *magazzini*
Kaufmann *commerciante*
kaum *appena*
kein *non* **35**
Keks *biscotto*
kennen *conoscere*
kennen lernen *conoscersi*
Kilo *chilo* **71, -meter** *chilometro*
Kind *bambino*, **-heit** *infanzia*
klappt, es – nicht *non va* **97**
klar *chiaro*
klarmachen (sich) *rendersi conto di*
Klasse *classe (f)*
Klatsch *pettegolezzi (Pl)*
Klavier *piano*
Kleid *vestito*
klein *piccolo* **57**
Kleingeld *spiccioli*
Klempner *idraulico*
Klima *clima (m)*
klingeln, klingen *suonare*
klopfen *bussare*
Knoblauch *aglio*
kochen *cucinare*
koffeinfrei *decaffeinato*
Kofferraum *portabagagli*
Kohlensäure (im Mineralwasser) *gassato*
Kollege/Kollegin *collega (m+f)*
kompliziert *complicato*
komplottieren *complottare*
Konflikt *conflitto*
Kongress *congresso*
können *potere* **75**
Konsulat *consolato*
Kontrolleur *controllore (m)*
kontrollieren *controllare* **61**
Konzept *concetto*
Kopfschmerzen *mal di testa*
Kopie *copia* **89**
Korkenzieher *cavatappi*
Körper *corpo*
korrigieren *correggere*
korrumpieren *corrompere*
korrumpiert *corrotto*
Korruption *corruzione*
kostbar *prezioso*
kosten *costare* **43**
kostenlos *gratuito*
Kotelett *bistecca* **57,** *braciola*
Kraft *forza*
Kraftfahrzeugbrief *libretto della macchina*
krank *malato*
Krankenhaus *ospedale*
Krankenpfleger/-in *infermiere/-a*
Krankenwagen *ambulanza* **98**
Krankheit *malattia*
Krawatte *cravatta*
Kreditkarte *carta di credito* **79**
Kreuz *croce*, **-ung** *incrocio* **39**
Kreuzung *incrocio* **39**
Kriminalität *criminalità*
Krise *crisi*
kritisieren *criticare*
Küche *cucina*
Kühlschrank *frigorifero*
Kunde *cliente (m+f)*
Kündigung *licenziamento*
Kunstwerk *opera d'arte*
Kürbis *zucca*
Kurs *corso*
Kurve *curva*
Kuss *bacio*

L

lachen *ridere*
Lamm *agnello*
Land *paese*, **-karte** *carta*
ländlich *rurale*
lang *lungo*
Langeweile *noia*
langweilig *noioso*
lassen *lasciare*
Laune *umore (m)*
Lebenslauf *curriculum vitae*
Lebensmittel *alimentari* **71**

legen *mettere*
Lehrer/-in *professore/ professoressa* **21**
leicht *leggero*
leiden *soffrire*
leider *purtroppo*
Lektion *lezione (f)*
lesen *leggere*
Leute *gente (Sg. f)*
lieben *amare*
Lieber *carissimo*
lieber mögen *preferire* **57**
lieb haben *volere bene*
Liebhaber/-in *amante (m+f)*
Lied *canzone*
Liegestuhl *sedia a sdraio*
Liegewagen *carrozza cuccette*
Likör *liquore*
Limonade *limonata*
Linie *linea*
Linke (die) *sinistra*
links *sinistra* **39**
Lire *lira*
Liter *litro*
Löffel *cucchiaio*
lohnen (sich) *valere la pena*
Lust haben auf / zu *avere voglia di*
Lutschbonbon *pastiglia* **98**

M

Mädchen *ragazza*
Mädchen (kleines) *bambina*
Magen *stomaco,* **einen empfindlichen – haben** *avere lo stomaco delicato,* **auf dem – liegen** *stare sullo stomaco,* **-bitter** *amaro, digestivo* **61, -schmerzen** *mal di stomaco,* **-verstimmung** *indigestione*
mager *magro*
Mahlzeit *pasto*
Maisbrei *polenta*
Malerei *pittura*
Mama *mamma*
man muss *bisogna*
manchmal *ogni tanto*
Mann *uomo*
Markt *mercato*
Marmelade *marmellata*
März *marzo*
Mauer *muro*
Medizin *medicina*
Meer *mare,* **-esfrüchte** *frutti di mare*
mehr *più,* **– oder weniger** *più o meno*
mein *mio* **21**
Meinung *pensiero, opinione*
Menü *menù* **53**
Meter *metro*
mieten *affittare*
Milch *latte (m),* **-kaffee** *caffèlatte*
Milliarde *miliardo* **42**
Million *milione* **42**
mindestens *almeno*
Mineralwasser *acqua minerale* **53**
Minute *minuto* **25**
Missverständnis *equivoco*
Mist, verdammter –! *porca miseria!*
Mitfahrgelegenheit *passagio*
Mittag *mezzogiorno* **25**
Mitternacht *mezzanotte* **25**
Mittwoch *mercoledì* **79**
möchte (ich –) *vorrei* **35**
Moment *momento*
Monat *mese*
Montag *lunedì* **79**
morgen *domani* **79**
Morgen *mattina*
morgen früh *domani mattina*
morgens *di mattina* **25**
müde *stanco*
Müdigkeit *stanchezza*
Mühe wert sein *valere la pena*
Mund *bocca*
Münzgeld *moneta* **79**
Museum *museo*
muskulös *muscoloso*
Mutter *madre (f)*

N

nach *a* **17,** *per* **35, 43, – hause** *a casa,* **– links** *a sinistra* **39, – rechts** *a destra* **39**
Nachfrage *richiesta*
Nachmittag *pomeriggio*
Nachname *cognome (m)*
Nachricht *notizia*
Nachspeise *dolc (m)* **61**
Nacht *notte*
Nachteil *svantaggio*
Nachweis der Staatsangehörigkeit *certificato di cittadinanza*
nahe bei *vicino* **a 39**
Nähe, hier in der – *qui vicino* **39**
nähen *cucire*
Nahverkehrszug *(treno) locale (m)*
Name *nome* **21**
Narr *pazzo*
Nase *naso,* **– voll haben** *avere le tasche piene*
Nation *nazione*
natürlich *naturalmente*

Nebel *nebbia*
neben *accanto*
Neffe *nipote (m)*
nehmen *prendere* **53**
nein *no*
Nerven, auf die – gehen *rompere le scatole*
nervös *nervoso*
neu *nuovo* **75**
Neugier *curiosità*
Neuigkeit *novità*, **-en** *notizie (Pl., f)*
Neujahr *capodanno*
neun *nove* **25**
nicht *non* **35**
nicht einmal *nemmeno*
nicht mehr *non più*
nicht schlecht *non c'è male*
nicht wichtig *non c'entra*
nicht, auch nicht *nè*
nicht, kein *non* **35**
Nichte *nipote (f)*
nichts *niente, nulla*
niederlassen (sich) *stabilirsi*
niemals *mai*
niemand *nessuno*
noch *ancora* **57**
Norden *nord (m)*
normal *normale*, **-erweise** *normalmente*
nötig sein *occorrere*
notwendig *necessario*
November *novembre*
Nudeln *pasta, pasta sciutta*
Null *zero* **25**
Nummer *numero* **25**
nur *(doch) pure, (allein) solo* **35**
nützen *servire* **79**

O

obligatorisch *obbligatorio*
Obst *frutta*, **-salat** *macedonia*
oder *oppure, o*, **entweder ... oder** *o ... o*
offen *aperto*
öffnen *aprire*
Öffnungszeiten *orario*
Ohr *orecchio*
Oktober *ottobre*
Öl *olio* **61**
Olive *oliva*
Onkel *zio*
Oper *opera*
Orange *arancia*, **-nlimonade** *aranciata*
Ordnung *ordine (m)*, **geht in –** *va bene*
Osten *est*
Österreich *Austria*
Österreicher *austriaco*
österreichisch *austriaca*

P

Paar *paio (di)*
Paket *pacco (Pl. pacchi)*
Palast *palazzo*
Pannenhilfe *soccorso stradale*
Papa *papà*
Paprika *peperone*
Papst *papa*
Parkplatz *parcheggio* **89**
Parkscheibe *disco orario*
Parmesankäse *parmigiano*
Pass *passo*
pass mal auf! *senti!*
passend *giusto* **75**
Pechvogel *sfortunato*
Pension *pensione (f)*, **Voll-** *pensione completa*
Personalchef *capo personale*
Personentarife *tariffe passeggeri*
persönlich *personalmente*
Pfeffer *pepe*
Pferd *cavallo*
Pfirsich *pesca*
Pflaster *cerotto*
phantastisch *fantastico*
Pilze *funghi*
Plan *progetto*
Platz *piazza* **39**, *piazzale*, **auf dem –** *in piazza* **39**, **nehmen Sie –!** *si accomodi* **53**
plump *pesante*
Politik *politica*
Polizei *carabinieri, polizia*, **Verkehrs-** *polizia stradale*, **-präsidium** *questura* **97**
Pommes frites *patate fritte*
Post *posta*, **-karte** *cartolina*, **-leitzahl** *numero di codice*
Praxis *studio*
Preis *prezzo*, **-nachlass** *sconto*
Presse *stampa*
Probe *prova*
probieren *provare*
Problem *problema (m)*
produzieren *produrre*
Professor/-in *professore / professoressa* **21**
Projekt *progetto*
Prospekt *opuscolo*
Prost! *cin cin!*
provisorisch *provvisorio*
Prozession *processione (f)*
Pulver *polvere*
Punkt *punto*, **pünktlich**, **Punkt ... Uhr** ... *in punto* **25**

Puppe *bambola*

Q

Qualität *qualità*
Qualle *medusa*
Qualm *fumo denso*
Quantität *quantità*
Quartier *quartiere*
Quetschung *contusione*
Quittung *ricevuta* **79**

R

Rad *ruota*
Rasierapparat *rasoio*
Rassist *razzista*
Raststätte *area di servizio*
Rat *consiglio*
raten *indovinare*
Rathaus *municipio*
realisieren *realizzare*
Rechnung *conto* **61**
Recht *ragione*
rechtfertigen *giustificare*
rechts *destra* **39**
Rechtsanwalt *avvocato*
Redensart *espressione*
Regel *regola*
regelmäßig *regolarmente*
Regen *pioggia*, **-mantel** *impermeabile*, **-schirm** *ombrello*
Region *regione*
regnen *piovere*
reich *ricco*
Reichtum *ricchezza*
reif *maturo*
Reis *riso*, **-gericht** *risotto* **53**
Reise *viaggio*, **-büro** *agenzia di viaggio*, **-bus** *pullman* **43**, **-führer** *guida*, **-pass** *passaporto* **35**
Rente *pensione (f)*
reparieren *riparare*
Rest *resto*
Restaurant *ristorante*
Rezept *ricetta*
richtig *giusto* **75**
Richtung *senso*
roh *crudo* **53**
Rücken *schiena*
Rückfahrt, -kehr *ritorno*
Rucksack *zaino*
Ruhe *silenzio*
ruhig *calmo*
Rundfahrt *giro* **42**, **Stadt-** *giro della città*
russisch *russo*
Rußland *Russia*

S

Sache *cosa*
Sack *sacco*
Saft (ausgepresst) *spremuta*
sag mir! *dimmi!*
sagen *dire*
Sahne *panna*
Saison *stagione*, **Hoch-** *alta stagione*
Sakrament *sacramento*
Salami *salame*
Salat *insalata* **57**
Salbe *pomata*
Salz *sale*
salzen *salare*
Sammlung *raccolta*
Samstag *sabato* **79**
Sand *sabbia*
Sardelle *sardella*
Säule *colonna*
Schach *scacchi*
Schachtel *pacchetto, scatola*
schade! *peccato!*
Schaden *danno, perdita*
Schafskäse *pecorino*
Schal *scialle (m)*
Schalter *sportello*
scharf gewürzt *piccante*
scharfe Soße, mit -r – *all'arrabbiata*
Schatten *ombra*
Schatz *gioia, tesoro*
schauen *guardare*
Schaufenster *vetrina* **75**
Schauspieler *attore (m)*
Scheck *cheque* **79**
Scheibe *fetta* **61**
scheiden lassen (sich) *divorziare*, **geschieden** *divorziato*
Scheidung *divorzio*
Scheinwerfer *fari*, **– anschalten** *accendere i fari*
Schere *forbici (Pl., f)*
scherzen *scherzare*
schicken *spedire*
Schiff *nave*
Schinken *prosciutto* **53**, **-wurst** *mortadella*
schlafen *dormire*
Schlafmittel *sonniferi*, **-platz** *posto letto* **35**, **-zimmer** *stanza da letto*
Schlange stehen *fare la fila*
schlank *snello*
Schlauchboot *canotto pneumatico*
schlecht *male* **17**, **-er Tag** *giornataccia*
schließen *chiudere* **79**, **geschlossen** *chiuso*
schlimm *grave*
Schloss *castello*
Schlüssel *chiave* **35**
Schlussverkauf *saldi*
schmackhaft *gustoso* **71**
Schmerz *dolore (m)* **93**
Schmiergeld *tangente*
Schnee *neve*, **-ketten** *catena da neve*

schnell *presto, rapido, veloce*
Schnellzug *rapido*
Schnitzel *scaloppina*
Schokolade *cioccolata*
schön *bello*
Schönheit *bellezza*
Schrank *armadio*
schrecklich *spaventoso, terribile*
schreiben *scrivere*
Schreibfeder *penna*
schreien *gridare*
Schuhe *scarpe*
Schule *scuola*
Schutzheiliger *santo in paradiso*
schwach *debole, moderato*
Schwägerin *cognata*
Schwager *cognato*
schwarz *nero* **75**
Schweigen *silenzio*
Schwein *maiale*
Schweiz *Svizzera*
schwer *pesante*
Schwester *sorella*
schwierig *difficile*
Schwierigkeit *difficoltà*
Schwimmbad *piscina*
schwimmen *nuotare*
schwören *giurare*
sechs *sei* **25**
See *lago*
Seezunge *sogliola*
sehen *vedere* **75**
Sehenswürdigkeit *curiosità*
sehr *molto*
sehr gut *benissimo*
Seide *seta*
Seife *sapone*
sein *essere, stare*
Seite *parte*
Sekretärin *segretaria*
Sekt *spumante (m)*
selbst *stesso*
September *settembre*
Serviette *tovagliolo*
setzen (sich) *sedersi*
setzen *mettere*
sich (reflexiv) *si* **21**
sicher *certo, sicuramente,* **-lich** *certamente* **75**
Sicherheitskontrolle *controllo sicurezza*
sie *(Akk. Ez., f) la, (Akk. Pl. f) le, (Akk. Pl. m) li*
sie ist *è* **21**
Sie sind *è* **21**
sieben *sette* **25**
singen *cantare*
Sinn *senso*
Sitzplatz *posto*
Ski fahren *sciare*
Sohn *figlio*
Sommer *estate*
Sonderangebot *offerta speciale*
Sonne *sole,* **-nbrand** *scottatura solare,* **-nbrille** *occhiali da sole,* **-ncreme** *crema solare,* **-nschirm** *ombrellone (m),* **-nstich** *colpo di sole*
Sonntag *domenica* **79**
Soße *salsa, sugo*
Sozialist *socialista*
Spargel *asparagi*
spät *tardi*
Speise *pasto,* **-karte** *carta, menú* **53, -saal** *sala da pranzo,* **-wagen** *carrozza ristorante*
spendieren *offrire*
Spiel *gioco, partita*
spielen *giocare,* **spielt keine Rolle** *non c'entra*
Spinat *spinaci*
Sprache *parola, lingua*
sprechen *parlare*
Sprichwort *proverbio*
Staat *stato*
Stadt *città,* **-plan** *pianta della città,* **-polizei** *vigili urbani,* **-rundfahrt** *giro della città*
Statue *statua*
Staub *polvere*
stehlen *rubare*
Steinschlag *caduta massi*
stellen *mettere*
Steuer *tassa*
Steuernummer *codice fiscale*
Stille *silenzio*
Stimme *voce (f)*
Stimmung *umore (m)*
Stockfisch *baccalà*
Stockwerk *piano*
Stoff *tessuto*
stören *rompere le scatole*
Störung *disturbo*
Strand *spiaggia*
Straße *strada* **39,** *via* **39, -nbahn** *tram (m),* **-nbenutzungsgebühr** *pedaggio* **42**
Strauß *mazzo*
Streichholz *fiammifero*
Streik *sciopero*
streiken *scioperare*
Streit *litigio*
streiten *litigare*
Stress *stress*
Strickwaren *maglieria*
Strumpfhose *collant*
Stück *pezzo*
Student *studente* **21**
Studentin *studentessa* **21**
Studium *studio*
Stuhl *sedia*
Stunde *ora* **25**
Suche nach Arbeit, auf – *in cerca di lavoro*

suchen *cercare*
Süden *sud, mezzogiorno* **25**
Supermarkt *supermercato*
Suppe *minestra, zuppa*
süß *dolce*
Süßspeise *dolce (m)* **61**
Symptom *sintomo*
System *sistema (m)*

T

Tabak *tabacco,* **-laden** *tabaccaio, tabaccheria*
Tafelwein *vino da tavola*
Tag *giorno* **35, -esgericht** *piatto del giorno,* **-eszeitung** *quotidiano*
täglich *quotidiano*
Tal *valle (f)*
Tankstelle *stazione di servizio*
Tante *zia*
Tanz *ballo, danza*
tanzen *ballare*
Tasche *tasca*
Taschentuch *fazzoletto*
Tasse *tazza*
tausend *mille* **42**
tausend Dank *grazie mille* **35**
Tee *tè,* **-löffel** *cucchiaino*
Teig *pasta*
Teil *parte, pezzo*
teilnehmen *partecipare*
Telefon *telefono* **25, -buch** *elenco telefonico*
telefonieren *telefonare*
Telefonmünze *gettone,* **-zelle** *cabina telefonica*
Telegramm *telegramma*
Teller *piatto* **53**
Tempel *tempio*
Tennisplatz *campo di tennis*
Terrasse *terrazza*
Theater *teatro*
Thema *argomento, discorso*
Thunfisch *tonno*
Tief *(Wetter) bassa pressione*
tief *fondo, profondo*
Tiefe *profondità*
Tier *animale (m)*
Tisch *tavola,* **zu –** *a tavola* **50, – decken** *apparecchiare*
Tochter *figlia*
Tod *morte (f)*
Toilette *toilette, gabinetto*
Tomatensaft *succo di pomodori*
Tor *cancello*
Torte *torta* **61**
tot *morto*
Tourismus *turismo*
Tourist *turista (m+f)*
tragen *portare* **57**
Tragflügelboot *aliscafo*
Träne *lacrima*
Traubensaft *succo d'uva*
trauen *fidarsi di*
traurig *triste*
treffen *incontrare*
Treppe *scala*
Tresor *cassaforte* **89**
Tretboot *moscone*
Trick *trucco*
trinken *bere* **57**
Trinkgeld *mancia* **61**
trocken *asciutto*
Tropfen *goccia*
tropfend *gocciolante*
Truthahn *tacchino*
tschüs *ciao* **17**
tüchtig *bravo*
Tunnel *galleria*
Tür *porta*
Turm *campanile, torre*
Turnhalle *palestra*
Typ *tipo*

U

U-Bahn *metropolitana*
Übelkeit *nausea*
Übereinkunft *accordo*
Übertragung *trasmissione (f)*
übertreiben *esagerare*
überzeugen *convincere,* **-d** *convincente,* **überzeugt** *convinto*
Überzeugung *convinzione (f)*
übrigens *a proposito*
Uhr *orologio*
Umleitung *deviazione*
Umwelt- *ambientale*
unbedingt *per forza*
unerwartet *inaspettato*
Unfall *incidente*
ungeduldig *impaziente*
Unmenge *sacco*
Unordnung *disordine*
unschuldig *innocente*
unsympathisch *antipatico*
unten *sotto*
unter *fra*
Unterhaltung *colloquio*
Unterrichtsstunde *lezione (f)*
unterscheiden *differenziare*
Unterschrift *firma*
Unterwäsche *biancheria intima*
unterwegs *in giro*
unverschämter Kerl *spudorato*
unwiderstehlich *irresistibile*
Ursache *ragione*

V

Vagina *vagina*
Vegetarier *vegetariano*
Verabredung *appuntamento*, **eine – treffen** *darsi un –*
verbessern *migliorare*
Verbindung *combinazione*
verbrennen *scottare*
Verdauung *digestione*
verdienen *guadagnare*
verflucht *maledetto*
vergessen *dimenticare*
vergnügen (sich) *divertirsi*
verheimlichen *nascondere*
Verhütung *contraccezione*
Verkäuferin *commessa*
Verkehr *traffico*, **-spolizei** *polizia stradale*, **-sverein** *azienda di soggiorno*
Verlegenheit *imbarazzo*
Verleih *noleggio*
verlieren *perdere*
verloren *perso*
Verlust *perdita*
Vernunft *ragione*
Verpflichtung *impegno*
Verschmutzung *inquinamento*
Versicherung *assicurazione*
verstehen *comprendere*
Versuch *prova*
vertrauen *fidarsi*
Verwaltung *amministrazione*
Verwandte/-r *parente (m+f)*
verzollen *dichiarare*
verzweifeln *disperarsi*
Vetternwirtschaft *clientelismo*
vielleicht *magari*
vielmehr *piuttosto*
vier *quattro*
Viertel *quarto*
Viertelstunde *quarto d'ora*
Vogel *uccello*
Volk *popolo*
Vollkornbrot *pane integrale*
Vollpension *pensione completa*
vor (zeitlich) *fa*, **(räumlich)** *davanti*
vorbereiten *preparare*
vorbestellen *prenotare*
Vorbestellung *prenotazione*
Vorfahrt *precedenza*
Vorgesetzter *superiore*
Vorname *nome* **21**
Vorschlag *proposta*
vorschlagen *proporre*
vorschreiben *prescrivere*
Vorwahl *prefisso*
Vulkan *vulcano*

W

Waggon *vagone*
Wahl *scelta*
Wahlen *elezioni (Pl, f)*
während *durante*
warum *perchè*
waschen *lavare*
Wasser *acqua* **53**
Wechsel *cambio*
weggehen *andare via*
wehtun *fare male*
Weihnachten *natale*
Weihnachtsmann *Babbo natale*
weil *perchè*
Wein *vino*, **offener Rot-** *vino sfuso*, **-traube** *uva*
Weise *pezzo*
welcher *chi*
Welt *mondo*
wenig *poco*, **-stens** *almeno*
wer *chi*
werden *diventare*
Werkstatt *officina*
wertvoll *valido*
Westen *ovest*
Wettbewerb *concorso*
Wetter *tempo*, **-vorhersage** *previsioni del tempo*
wichtig *importante*
widerwärtig *disgustoso*
widmen *dedicare*
wie lange, für – *per quanto tempo*
Wiedersehen, auf – *arrivederci*
wieso *come mai?*
willkommen *benvenuto*
Wind *vento*
wir *noi*
wirklich *davvero, proprio*
Wirklichkeit *realtà*
Wirksamkeit *efficienza*
Wirtschaft *economia*
Wirtshaus *osteria*
wissen *sapere*
witzig *salato*
wo *dove*, **– ist** *dov'è* **39**, **-hin** *dove*
Wohl, zum –! *alla salute!*
wohl fühlen (sich) *sentirsi bene, a suo agio*
wohnen *abitare*
Wohnhaus *palazzo*
Wohnsitz *residenza*, **-nachweis** *certificato di residenza*
Wohnung *domicilio*
Wohnzimmer *salotto*
Wolke *nuvola*, **aus allen – fallen** *cadere dalle nuvole*

wolkig *nuvoloso*
Wort *parola*
Wort *parola*
Würfel *cubo*, **kleiner –** *cubetto*
würzen *condire*

Z

Zahn *dente*, **-arzt** *dentista*, **-bürste** *spazolino da denti*, **-pasta** *dentifricio*
zehn *dieci*
zeigen (sich) *dimostrarsi*
Zeit *tempo*, **-alter** *epoca*
Zeitung *giornale*
Zentrum *centro*
ziehen *tirare*
ziemlich *abbastanza*
Zigarette *sigaretta*
Zigarre *sigaro*
Zimmer *stanza*
zu *a*
Zucker *zucchero*
Zufall *caso*
zufrieden *contento*
Zug *treno*
zugenommen *ingrassato*
Zukunft *futuro*
Zuneigung *affetto, simpatia*
Zunge *lingua*
zurechtkommen *arrangiarsi*
Zusammenleben *convivenza*
Zustand *condizione*
zuständig *competente*
zuverlässig *serio*
Zweck *fine (m)*
zwei *due*, **zu -t** *in due*
Zweifel *dubbio*
Zwiebel *cipolla*
zwischen *fra*

SOS

Wichtige Wörter und Wendungen

Begrüßen, Kennenlernen

guten Morgen; guten Tag	*buon giorno*
guten Abend	*buona sera*
auf Wiedersehen	*arrivederci*
ja, nein	*si, no*
entschuldigen Sie!	*scusi!*
bitte (um)	*per favore*
bitte (nach Entschuldigung oder Dank)	*prego*
gestatten Sie?	*permesso!*
Sprechen Sie Deutsch?	*Parla tedesco?*
Ein wenig, nicht viel.	*Un poco, non molto.*
Ich verstehe nicht.	*Non capisco.*
Wie heißt (es) auf Italienisch?	*Come si dice in italiano?*
Wie heißt?	*Come si chiama?*

Im Geschäft, im Restaurant, im Hotel

Was kostet es?	*Quanto costa?*
Alles inbegriffen.	*Tutto compreso.*
Das ist zu teuer.	*E' troppo caro.*
Kellner, zahlen bitte!	*Cameriere, il conto per favore!*
Wo ist die Toilette?	*Dove sono i gabinetti?*
Können Sie mich um sieben wecken?	*Può svegliarmi alle sette?*
Ich möchte für heute Abend einen Tisch bestellen.	*Vorrei ordinare un tavolo per questa sera.*

Sind die Plätze noch frei?	*Sono ancora liberi questi posti?*
Ich möchte eine Kleinigkeit essen.	*Vorrei mangiare una piccolezza.*
Ich muss Diät halten.	*Devo stare in dieta.*
Haben Sie Bier vom Fass?	*Ha birra alla spina?*
Bestellen Sie mir bitte ein Taxi.	*Mi può ordinare un taxi per favore?*

Suchen und Finden

Wo gibt es einen Arzt?	*Dove si trova un medico?*
Wo ist ...	*Dov'è...*
die Apotheke,	*la farmacia*
die erste Hilfe,	*il pronto soccorso,*
der Platz,	*la piazza,*
das Gebäude (der Palast),	*il palazzo,*
das Theater	*il teatro,*
die Straße X,	*la via X,*
die Autobahn nach	*l'autostrada per*
links, rechts	*a sinistra, a destra*
immer geradeaus	*sempre diritto*
oben, unten	*sopra, sotto*
Wann ist geöffnet/geschlossen?	*Quando è aperto/chiuso?*
Wie weit ist es von hier?	*Quanto è lontano da qua?*
heute, gestern, morgen, übermorgen	*oggi, ieri, domani, dopodomani*
Unterkommen	*sistemarsi*
Sind Zimmer frei?	*Ci sono camere libere?*
Ich möchte gerne ...... (haben)	*Vorrei ....*
ein Einzelzimmer,	*una camera singola*
ein Doppelzimmer	*una camera matrimoniale*
mit Bad	*con bagno*
die Dusche	*la doccia*
mit Vollpension	*con pensione completa*

Unterwegs

die Abfahrt	*la partenza*
die Ankunft	*l'arrivo*
der Aufenthalt	*la sosta*
der Bahnhof	*la stazione*
einsteigen!	*in carrozza!*
die Fahrkarte	*il biglietto*
der Fahrpreis	*il prezzo, l'importo*
das Gepäck	*i bagagli*
der Gepäckträger	*il facchino*
das Gleis	*il binario*
die Haltestelle	*la fermata*
Nichtraucher	*vietato fumare!*
Raucher	*fumatori*
umsteigen	*cambiare*
der Wartesaal	*sala d'attesa*
der Flug	*il volo*
der Flugplatz	*l´aeroporto*
der Bus	*l´autobus, il pullman*
das Taxi	*il taxi*
das Auto	*l´auto, la macchina*
der Parkplatz	*il parcheggio*
die Straßengebühr	*il pedaggio*

Auf der Straße

Aufschüttung	*acciottolato*
Halt!	*alt!*
Achtung	*attenzione*
Steinschlag	*caduta massi*
Umleitung	*deviazione*
Halteverbot	*divieto di sosta*
Kreuzung	*incrocio*
Straßenarbeiten	*lavori in corso*
Bahnübergang	*passaggio a livello*
langsam fahren!	*rallentare*
Licht einschalten!	*accendere i fari*

gesperrt	*sbarrato*
Einfahrt gesperrt	*senso proibito*
Einbahnstraße	*senso unico*
gefährliche Kurve	*svolta pericolosa*
rechts fahren	*tenere a destra*
Schritt fahren	*veicolo al passo*
Durchfahrt verboten	*vietato il transito*

Beim Arzt

Mir tut weh ...	*Mi fa male ...*
der Kopf	*la testa*
der Hals	*la gola*
der Fuß	*il piede*
das Bein	*la gamba*
der Arm	*il braccio*
der Bauch	*lo stomaco*
Ich habe Fieber.	*Ho la febbre.*
Schmerzen	*i dolori*
die Erkältung	*l'influenza*
die Halsschmerzen	*il mal di gola*
die Apotheke	*la farmacia*
das Aspirin	*l'aspirina*
der Krankenwagen	*l'ambulanza*
die Hilfe	*l'aiuto*

Bildnachweis

Sabine Lubenow *5, 15, 33, 69, 87*

Italienisch und Spanisch

Italienisch und spanisch lernen: alltagsnah und von Anfang an. Für das Lernen allein oder in der Gruppe.

Robert Kleinschroth
Sprachen lernen *Der Schlüssel zur richtigen Technik*
(rororo 60842)

Senzaparole
Partire per l'Italia
Italienischkurs für Anfänger
(Buch: rororo 18795 /
Toncassette: rororo 18796)

Jutta J. Eckes /
Franco A. M. Belgiorno
Multilingua Italienisch *von Anfang an*
(Buch: rororo 60479,
Buch mit Audio-CD:
rororo 60438 /
Toncassette: rororo 60480)

Jutta J. Eckes /
Daniela Concialdi
Italiano Due *Italienisch reden und verstehen. Ein Aufbaukurs*
(Buch: rororo 19517 /
Toncassette: rororo 19518)

Frida Bordon /
Giuseppe Siciliano
Italienisch in letzter Minute
(Buch: rororo 60914 /
Buch mit Audio-CD:
rororo 60915 /
Toncassette: rororo 60916)

rororo sprachen

Christof Kehr /
Ana Rodríguez Lebrón
Multilingua Spanisch *von Anfang an*
(Buch: rororo 60475 /
Buch mit Audio-CD:
rororo 60437 /
Toncassette: rororo 60476)
Español Dos *Spanisch reden und verstehen. Ein Aufbaukurs*
(Buch: rororo 18845 /
Toncassette: rororo 18846)
Spanisch in letzter Minute
(Buch: rororo 60917 /
Buch mit Audio-CD:
rororo 60918 /
Toncassette: rororo 60919)
Dichos y Frases *Der Schlüssel zu den spanischen Redewendungen*
(rororo 19373)

Weitere Informationen in der **Rowohlt Revue**, kostenlos im Buchhandel, und im **Internet: www.rororo.de**

3452/7

Englisch

Robert Kleinschroth
Sprachen lernen *Der Schlüssel zur richitgen Technik*
(rororo 60842)

Gunther Bischoff
Speak you English?
Programmierte Übung zum Verlernen typisch deutscher Englischfehler
(rororo 16857)
Better Times *Ein leichtes Programm zum richtigen Gebrauch der englischen Zeiten*
(rororo 17987)

René Bosewitz /
Robert Kleinschroth
Joke by Joke to Conversation
Sprechsituationen mit Witz gemeistert
(rororo 18797)
Joke Your Way Through English Grammar *Wichtige Regeln zum Anlachen*
(rororo 18527)

Hartmut Breitkreuz
False Friends *Stolpersteine des deutsch-englischen Wortschatzes*
(rororo 18492)

Hartmut Breitkreuz /
René Bosewitz
Do up your Phrasals *500 Wendungen wichtiger Verben*
(rororo 18344)
Getting on Top of Idiomatic Verbs *Tausend Wendungen im Kontext*
(rororo 18523)

rororo sprachen

Iain Galbraith / Paul Krieger
Englisch in letzter Minute *Ein Sprachführer für Kurzentschlossene*
(Buch: rororo 60908 /
Buch mit Audio-CD:
rororo 60909 /
Toncassette: rororo 60910)

Hans-Georg Heuber
Talk one's head off. Ein Loch in den Bauch reden *Englische Redewendungen und ihre deutschen «opposite numbers»*
(rororo 17653)

Weitere Informationen in der **Rowohlt Revue**, kostenlos im Buchhandel, und im **Internet: www.rororo.de**

Englisch

Uwe Kreisel /
Pamela Ann Tabbert
Multilingua Englisch *von Anfang an*
(Buch: rororo sachbuch 60481 / Buch mit Audio-CD: rororo sachbuch 60435 / Toncassette: rororo sachbuch 60482)

English Two *Englisch reden und verstehen. Ein Aufbaukurs*
(Buch: rororo sachbuch 19320, Toncassette: rororo sachbuch 19321)

Ultimate Idioms *Der Schlüssel zu den britischen und amerikanischen Redewendungen*
(rororo sachbuch 18492)

American Slang in letzter Minute *Ein Sprachführer für Kurzentschlossene*
(Buch: rororo sachbuch 19623 / Buch mit Toncassette: rororo sachbuch 19624 / Toncassette: rororo sachbuch 19705)

rororo sprachen

Ronald Lister /
Klemens Veth
Idioms im Griff *Phrasal Verbs, Redewendungen und Metaphern nach Situationen*
(rororo sachbuch 60507)

Emer O'Sullivan /
Dietmar Rösler
Modern Talking *Englisches Quasselbuch mit Sprüchen und Widersprüchen*
(rororo sachbuch 18427)

Ernest Pasakarnis
Master your Idioms *Der Schlüssel zu den englischen Redewendungen*
(rororo sachbuch 18491)

Weitere Informationen in der **Rowohlt Revue**, kostenlos im Buchhandel, und im **Internet: www.rororo.de**